は　し　が　き

「志望校に合格するためにはどのような勉強をすればよいのでしょうか」　これは，受験を間近にひかえている
だれもが気にしていることの1つだと思います。しかし，残念ながら「合格の秘訣」などというものはありませ
んから，この質問に対して正確に回答することはできません。ただ，最低限これだけはやっておかなければなら
ないことはあります。それは「学力をつけること」，言い換えれば，「不得意分野・単元をなくすこと」と「志望
校の入試問題の傾向をつかむこと」です。

　後者については，弊社の『中学校別入試対策シリーズ』をひもとき，過去の入試問題を解いたり，参考記事を
読むことで十分対処できるでしょう。

　前者は，絶対的な学力を身につけるということですから，応分の努力を必要とします。これを効果的に進める
ための書として本書を編集しました。

　本書は，長年にわたり『中学校別入試対策シリーズ』を手がけてきた経験をもとに，近畿の国立・私立中学校
で2023年・2024年度に行われた入試問題の必修すべき問題を厳選し，単元別に収録したものです。本書を十分
に活用することで，自分の不得意とする分野・単元がどこかを発見し，また，そこに重点を置いて学習し，苦手
意識をなくせるよう頑張ってください。別冊解答には，できる限り多くの問題に解き方をつけてあります。問題
を解くための手がかりとして，あわせて活用してください。

　本書を手にされたみなさんが，来春の中学受験を突破し，さらなる未来に向かって大きく羽ばたかれることを
祈っております。

も　く　じ

【写真協力】　農林水産省 HP ／ ピクスタ株式会社 ／ 海津市 HP ／ 愛知県 HP ／ Geoffreyq・UnitedNationsNewYork・via Wikimedia・CC BY ／ 株式会社フォトライブラリー ／ Eckhard Pecher・Kamakura Daibutsu Dec08-3.jpg・via Wikimedia CC-BY SA ／ Cquest・Kyoto-Ryoan-Ji MG 4512.jpg・via Wikimedia.・CC-BY CA ／ 田原本町　唐子・鍵総合サイト ／ sailko・Periodo jomon, dogu, 2000-1000 a.c. 3・via Wikimedia CC-BYSA ／ 毎日新聞社 ／ 第一学習社 ／ James St. John・Elephant ivory tusks・via Wikimedia CC-BY SA ／ 守山市教育委員会 ／ 小松市埋蔵文化財センター ／ 雲南市役所

【地形図】　本書に掲載した地形図は，国土地理院発行の地形図・地勢図を使用したものです。

きんきの中入 発展編

1 ≪国の領域≫　次の図1は，国の領域を示したものであり，下の文は，この図を説明したものです。図と文を読んで，後の各問いに答えなさい。　　　　　　　　　　　　（関西大学北陽中）

図1

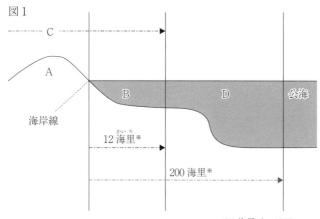

※1海里は，1852m

　Aは，その国の支配権がおよぶ土地です。Bはその土地の海岸線から12海里の海域であり，Dはその外側にある海岸線から200海里までの海域を示しています。またCはAとBの上空にあり，大気圏内がその範囲にあたります。

問1　その国の領域にあたるものを，A～Dからすべて選び記号で答えなさい。（　　　　）

問2　Dの海域の名を答えなさい。（　　　　）

問3　Dの海域について，「資源」という言葉を必ず用いて説明しなさい。

　（　　　　　　　　　　　　　　　　　　　　　　　　　　　　　　　　　　　　　　　）

2 ≪緯度の低い順≫　次のA～Eについて，それぞれア～ウを緯度の低い順に並べ替えた場合，1番目に位置するものはどれですか，ア～ウから1つずつ選び，記号で答えなさい。　　　（京都女中）

A　［各宗派の本山］（　　　　）

　ア．永平寺　　イ．延暦寺　　ウ．金剛峯寺

B　［原子力発電所］（　　　　）

　ア．伊方　　イ．川内　　ウ．高浜

C　［県庁所在地］（　　　　）

　ア．大分　　イ．甲府　　ウ．高松

D　［火山］（　　　　）

　ア．雲仙岳　　イ．御岳（桜島）　　ウ．大山

E　［米の品種の開発地］（　　　　）

　ア．つがるロマン　　イ．ハナエチゼン　　ウ．はなさつま

3 ≪国土・地図記号≫　次の各問に答えなさい。　　　　　　　　　　　　　　（プール学院中）

問1　日本列島の西に広がる大陸名を答えなさい。（　　　　）

問2　日本の固有の領土のうち，ロシア連邦が不法に占領している国後島などの島々を合わせて何といいますか。（　　　　）

問3　次のAさんの話をもとに，あとの各問に答えなさい。

「これは私の夏休みの冒険（ぼうけん）の話だ。

　おばあちゃんの家がある町で知り合ったBちゃんと私たちの宝物をうめる約束をした。待ち合わせは正午に駅前。目の前に広がるひまわり畑のひまわりは私に向かって笑いかけてくれているようだった。まもなくBちゃんが郵便局の方から自転車に乗ってやってきた。私たちはまず神社に向かった。そして神社の木の下に最初のヒントをかくすことにした。次のヒントは，老人ホームの花だんにかくさせてもらうことになった。そのヒントは「この場所から東へ3マス・南へ2マスの地点」だ。二人の思い出の宝物をうめたころには，もう夕方になっていた。私たちはまた駅前までもどってから帰ることにした。来た時と同じ道を帰っていくBちゃんを，私と私の影（かげ）が手をふって見送った。私もふり返っておばあちゃんの家へと続く道を歩いた。」

	A	B	C	D	E	F	G	H	I	J	K
1		〃	〃				∧∧	∧∧	∧∧		
2	∧∧	∧∧	〃				∧∧	鳥居	∧∧		
3								文	〃	〃	
4				老人ホーム	◎				〃	〃	
5		保健所			⊕						
6	老人ホーム	卍			〃	〃					
7			〒		駅					工場	保健所
8				∨∨	∨∨					卍	保健所
9		☼	☼					血	X		
10		☼	☼				Y	家	∨∨	∨∨	文
11											
12							ヒントは神さまの家で眠る。				

※左の地図は，「私たちの宝の地図」である。ただし，方位はわからなくなってしまっている。

※地図の1マスの1辺の長さは50mで整備されている（1マスの移動で必ず50m移動したこととし，上下左右の移動しかできない）。

(1)　二人が宝をかくした場所はどこのマスですか。**アルファベット**と**数字**を組み合わせて答えなさい（例：駅のあるマスは，「E—7」とあらわす）。（　　—　　）

(2)　駅から神社までの道のりは何mですか。（　　　　m）

(3)　地図中の田んぼの面積は合計で何haですか。（　　　　ha）

(4)　地図から読み取れる内容として**誤っているもの**を次のア～エから一つ選び，記号で答えなさい。（　　　）

ア．寺のとなりには必ず竹林がある。

イ．消防署と交番のうち，駅からの道のりが近いのは消防署である。

ウ．おばあちゃんの家のとなりには博物館がある。

エ．駅の北東の地域は工場が立ちならんでいる。

4 ≪自然災害と関連事項≫　須磨学園中学校のあおいくん，はるとくん，ひまりさんの３人は，日本や世界各地で発生している自然災害について調べていました。これに関するあとの問いに答えなさい。

（須磨学園中）

　自然災害といってもたくさんあり，①台風や梅雨のような大雨が原因で洪水（こうずい）や②土砂災害が発生することもあれば，地震や③火山活動といった地球内部の力によって発生することもあると知りました。そしてそうした④自然災害でたくさんの人々が被害（ひがい）を受けることもあれば，⑤農業や⑥工業といった産業が打撃（だげき）を受けることもあると学びました。

　この３人が調べた内容について次の問いに答えなさい。

問１　下線部①に関連して，３人は台風が熱帯低気圧の１つであると知り，世界には台風以外にもサイクロン，ハリケーンという熱帯低気圧があると分かりました。次の２つの地図を見ながら３人が会話をしています。３人の発言について**適切でないもの**はどれか，あとの選択肢（せんたくし）ア〜エより１つ選び，記号で答えなさい。（　　　　）

【熱帯低気圧の発生場所と動き】

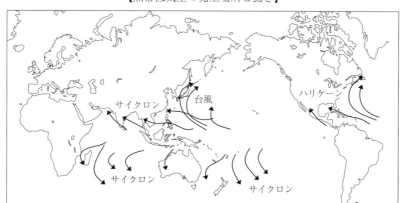

【海流】

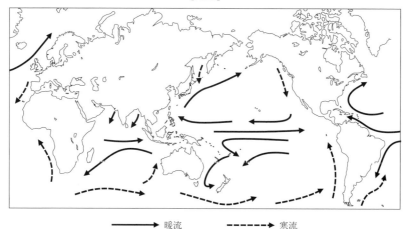

※両図とも帝国書院発行の教科用図書と地図帳を基に作成。

　あおいくん　「暖流が流れていると，海水の水温が高くなるから，熱帯低気圧が発生する場所は暖

流が流れているところに多いね。」

はるとくん　「熱帯低気圧が発生するような気温が高い場所では，大きな海の中で暖流が東側から
　　　　　　西側に向かって流れることが多いから，太平洋や大西洋の東側では，西側に比べると
　　　　　　熱帯低気圧の発生が少ないね。」

ひまりさん　「気温が高いと海水の水温も高くなるから，熱帯低気圧が最も発生しているのが赤道
　　　　　　上だということが読み取れるね。」

　　ア　あおいくんが適切でない。

　　イ　はるとくんが適切でない。

　　ウ　ひまりさんが適切でない。

　　エ　3人とも正しい。

問2　下線部②に関連して，斜面が土砂災害を引き起こすことを知ったはるとくんは，斜面につい
　　て詳しく知るため地形図と等高線の学習をしていました。次の図のような地図の範囲内では等高
　　線はどのようになっていますか。適切なものをあとのア～エより1つ選び，記号で答えなさい。
　　この図の範囲で最も乗降客数が多い駅には★を付けています。（　　　　　）

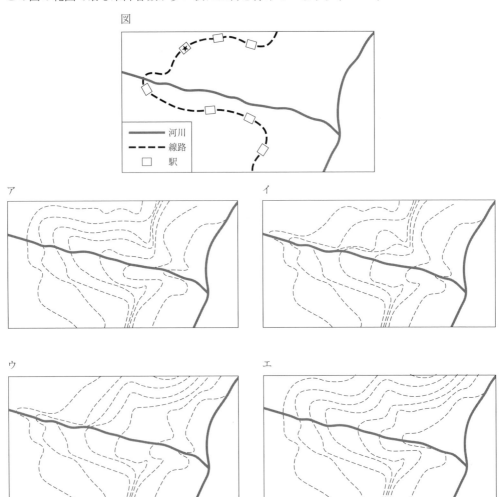

問3　下線部③について，2021年8月に小笠原諸島の福徳岡ノ場という海底火山が噴火，右の写真のように各地の海岸に軽石が漂着し，漁業に被害が及んでいます。小笠原諸島はどの都道府県に属しているか答えなさい。

（　　　　　）

写真「海岸に漂着した軽石」

問4　下線部④に関連して，最近では大雨が地球環境問題によってもたらされることがあると3人は知りました。その地球環境問題に当てはまるものを次の選択肢ア〜エより1つ選び，記号で答えなさい。（　　　　　）

ア　オゾン層の破壊　　イ　砂漠化　　ウ　酸性雨　　エ　地球温暖化

問5　下線部⑤について，あおいくんは令和2年7月豪雨で，熊本県と福岡県と山形県で農業被害が大きかったことを知り，次の表を作りました。この表はこの3つの県について，すいか，なす，ももの被害を示したもので，表の中のAとBは福岡県と山形県のいずれかを，XとYはなすともものいずれかを表しています。福岡県となすの組み合わせとして正しいものを，あとの選択肢ア〜エより1つ選び，記号で答えなさい。（　　　　　）

（単位：トン）

	熊本県	A	B
すいか	6	501	0
X	206	34	259
Y	0	655	3

※ e-Stat より作成

ア　A－X　　イ　A－Y　　ウ　B－X　　エ　B－Y

問6　下線部⑥について，はるとくんは2011年に発生した東日本大震災で，工業の中でも自動車産業の打撃が大きかったことを知りました。次の図も見ながら，なぜ自動車産業で大きな打撃を受けたのかを説明しなさい。

（　　）

図

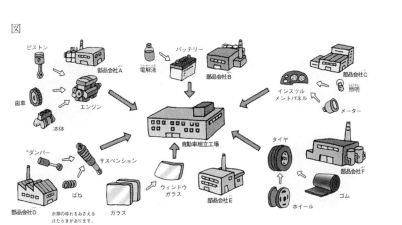

ポプラ社『ポプラディア情報館　自動車』より

5 ≪地形図≫　地形図を読み取った次のⅰ～ⅲの文が正しいか誤っている

かを判断し，その正誤の組み合わせとして正しいものを，右のア～カか

ら1つ選び，記号で答えなさい。（　　　　）　　　　　　（西大和学園中）

ⅰ 「城山」の山頂から「船山」の山頂をながめることはできない。

ⅱ 「鴨川」の左岸には，史跡である「御土居」がみられる。

ⅲ 病院はみられるが，保健所はみられない。

	ⅰ	ⅱ	ⅲ
ア	正	正	誤
イ	正	誤	正
ウ	正	誤	誤
エ	誤	正	正
オ	誤	正	誤
カ	誤	誤	正

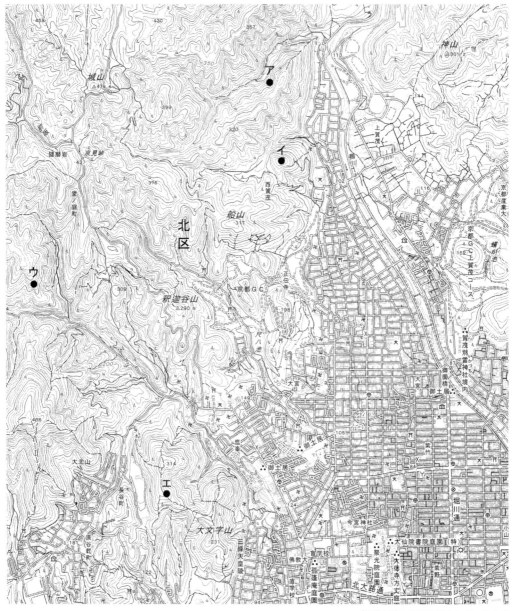

（編集部注：原図を縮小しています。）

6 ≪最新の入試問題から≫　次の表を見て，あとの問いに答えなさい。　　　　　　　　　　（関大第一中）

	(1)	(2)	(3)
発生日時	1995 年 1 月 17 日午前 5 時 46 分	2011 年 3 月 11 日午後 2 時 46 分	① 2016 年 4 月 14 日午後 9 時 26 分　② 2016 年 4 月 16 日午前 1 時 25 分
地震の規模	マグニチュード 7.3	マグニチュード 9.0	① マグニチュード 6.5　② マグニチュード 7.3
最大震度	震度 7	震度 7	①②とも　震度 7
特徴	・東北地方から九州地方まで広い範囲で揺れを観測し，国内で史上初めてとなる「震度 7」を観測した。 ・死者・行方不明者は 6400 人を超え，全半壊など被害を受けた住宅は約 63 万棟にのぼる。 ・人口の多い都市直下型地震であったので，住宅が密集する地域では各地で火災が同時に発生する中で，地震によって水道管が被害を受けたことなどから放水用の水の確保が困難となり，延焼が拡大する一因になった。 ・道路や鉄道といった交通網は断絶され，ガスや電気，電話といったライフラインも被害を受けた。 ・全国から（Ⅰ）が駆けつけた。食料や物資の配給をはじめ，避難所での炊き出しや仮設住宅での見守りなどの活動に当たったので，この年を「（Ⅰ）元年」とよぶ。	・太平洋側を中心に激しい揺れに襲われた。1 つの市で震度 7。震度 6 強は 4 県 37 市町村で観測された。 ・東京 23 区でも最大震度 5 強。超高層ビルなどを大きくゆっくりと揺らす「長周期地震動」も観測され，震源から遠く離れた東京や大阪でも被害が出た。国内の観測史上最大となる巨大地震は，日本全国を揺らした。 ・この地震は，長い継続時間も特徴的で，180 秒（3 分）程度揺れ続けた。 ・最も大きな被害を出したのが（Ⅱ）で，太平洋沿岸を中心に，次々に（Ⅱ）が押し寄せ，10 メートルを超える巨大（Ⅱ）に襲われていたことが分かった。 ・「関連死」を含めた死者・行方不明者は 2 万 2200 人以上に上り，東京電力福島第一（Ⅲ）発電所では世界最悪レベルの事故も発生，今も故郷に帰れない人がいる。	・観測史上初めて，同一地域において震度 7 の地震がわずか 28 時間の間に 2 度発生し，（Ⅳ）県に大きな被害をもたらした。 ・人的被害は，2017 年 12 月 13 日時点で，死者が 252 人，重軽傷者が 2720 人に上る。 ・幹線道路の寸断や電気，水道，ガス，通信などのライフラインの停止など県民の生活を支えるインフラに甚大な被害が生じた。 ・県民の誇りである（Ⅳ）城など県民の「宝」というべき文化財も大きな被害を受けた。 ・この地震では，児童生徒や教職員に死者はなかった。これは，前震，本震とも発生が夜間で，学校にもほとんど人がいなかったこと，(1)における火災の多発や(2)における（Ⅱ）の発生のように多数の生命の危機に直結する現象が地震後に起きなかったことなどが，児童生徒や教職員に死者がなく，負傷者も少なかったことの大きな要因と考えられる。

（(1)(2) NHK 資料より，(3)（Ⅳ）県資料より　一部，表記を変えています。）

問1　これらの地震が発生した場所はどこですか。次の地図中のア～エから 1 つずつ選び，記号で答えなさい。ただし，(3)に関しては②の地震が発生した場所を示しています。

　　　(1)(　　　)　(2)(　　　)　(3)(　　　)

問2　下の2枚の写真は，(1)～(3)の被害を撮影したものです。どの地震の被害を撮影したものです
　　か。1つずつ選び，番号で答えなさい。ア（　　　　）　イ（　　　　）

　　　　ア　　　　　　　　　　　　　　　　イ

問3　前の表中の（Ⅰ）～（Ⅳ）にあてはまる語句を答えなさい。なお，（Ⅰ）については**6文字**
　　で，（Ⅱ）～（Ⅳ）については**漢字**で答えること。
　　　Ⅰ □┆□┆□┆□┆□┆□　　Ⅱ（　　　）　Ⅲ（　　　）　Ⅳ（　　　）

1 ≪さまざまな産業≫　花子さんのクラスでは，教科書や資料集，地図帳を用いて，日本の産業の特徴について自由にまとめ，発表することになりました。次の問いに答えなさい。　　（神戸女学院中）

問1　花子さんは，地方によって盛んな産業は異なるということに注目し，産業の特徴を地方別に明らかにすることにしました。地図帳の統計資料にもとづいて花子さんが描いたのは次の4つのグラフで，それぞれ，「農業生産額」「漁業生産額」「工業生産額」「年間商品販売額」の全国における総額に占める，各地方の割合を示しています。各地方に含まれる都道府県の数は〈表〉の通りです。

農業生産額（2017年）

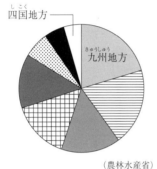

（農林水産省）

＊漁業生産額（2017年）

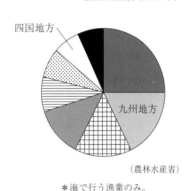

（農林水産省）

＊海で行う漁業のみ。

工業生産額（2016年）

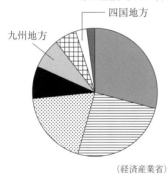

（経済産業省）

＊年間商品販売額（2016年）

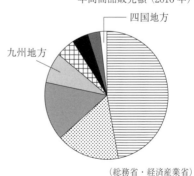

（総務省・経済産業省）

＊卸売業と小売業で商品がどれだけ売れたかを表す額のこと。

〈表〉

地方	北海道地方	東北地方	関東地方	中部地方	近畿地方	中国地方	四国地方	九州地方
都道府県数	1	6	7	9	7	5	4	8

1）各グラフに使われている色や模様は，上の〈表〉に示した，全国の8つの地方を表しています。例えば，どのグラフでも ▨ は九州地方，□ は四国地方を表しています。北海道地

方を表しているもの，近畿地方を表しているものを次のア〜カのうちからそれぞれ選び，記号で答えなさい。北海道地方(　　　)　近畿地方(　　　)

ア ▤　　イ ▨　　ウ ▦　　エ ▩　　オ ▥　　カ ■

2）農業生産額のグラフで最も大きな割合を示しているのは九州地方です。九州地方の農業生産額の内訳はどのようになっているでしょうか。最も大きな割合を占めるものを次のア〜エのうちから選び，記号で答えなさい。(　　　)

ア．米　　イ．野菜　　ウ．果実　　エ．畜産物

問2　花子さんは全て同じ円の大きさでグラフを描きましたが，同じクラスの愛子さんは，それぞれの生産額の総額によって円の大きさを変えることを思いつきました。愛子さんのグラフで「農業生産額」「漁業生産額」「工業生産額」の円の大きさはどのようになるでしょうか。小さい方から並べたときの順序として最も適当なものを次のア〜エのうちから選び，記号で答えなさい。

(　　　)

ア．農業生産額＜漁業生産額＜工業生産額

イ．漁業生産額＜農業生産額＜工業生産額

ウ．農業生産額＜工業生産額＜漁業生産額

エ．漁業生産額＜工業生産額＜農業生産額

問3　同じクラスの良子さんは，日本の産業の中でも農業に注目し，特に日本の食料生産について考えることにしました。次の文章は良子さんがまとめたものの一部です。

　　教科書や資料集，地図帳を調べてみると，1960年から2017年までの変化を示した2つのグラフが目に留まりました。1つ目のグラフは「食料品別の輸入量の変化」です。1960年と2017年を比べると，小麦，牛乳・乳製品，果実，大豆，野菜，肉，米のいずれも，輸入量が増加していることがわかります。また，輸入量が最も多いのは1960年も2017年も【　A　】です。いっぽう，もう1つのグラフ「日本のおもな農産物と水産物の生産量の変化」を見ると，1960年から2017年まで国内での【　A　】の生産量は少ないままで，さらに，この30年ほどは全体的に生産量が下降ぎみです。つまり，日本は食料の確保を輸入に頼っている状態です。

　　このように，食料を輸入に頼ること，つまり食料【　B　】率が低いことにはどのような問題があるでしょうか。例えば，世界の人口は【　C　】しているのに，世界の耕地面積は横ばいであることから，日本が必要な量の食料を輸入できなくなるかもしれません。ほかにも，……

　　＊グラフはどちらも平成29年度食料需給表による

1）【　A　】に入るのはどれですか。最も適当なものを次のア〜オのうちから選び，記号で答えなさい。(　　　)

ア．小麦　　イ．牛乳・乳製品　　ウ．果実　　エ．大豆　　オ．野菜

2）【　B　】に入る最も適当な語句を解答欄にしたがって漢字2字で答えなさい。▢▢

3）【　C　】に入る最も適当な語句を答えなさい。(　　　)

2 ≪貨物輸送と産業≫　次の会話文と資料をみて，あとの問いに答えなさい。　　　　（同志社香里中）

先生　：今日は日本の貨物輸送について勉強しましょう。国内での輸送はどんな方法が多くなっているかな。みんなのタブレットで調べてみましょう。

ひなた：えーっと，輸送する貨物の重さで比べると，一番多い輸送手段は（　１　），二番は（　２　）みたいです。でも貿易など国外との輸送では（　３　）の割合が一番高くなっていますね。

先生　：輸送方法は時代によっても違います。明治時代の人口分布をあらわした日本地図をヒントにその違いを考えましょう。今と比べて気付くことはありますか？

れい　：太平洋側と日本海側の人口に今ほど差がないように見えます。

先生　：そうですね。ではなぜ今は①日本海側の地域で人口が少ないのでしょうか。

れい　：少ない理由か…。②日本海側には大きな平野が少なく，③工業の盛んな地域との間をつなぐ鉄道や道路などの交通網も十分ではないからでしょうか。

先生　：そうですね。その他にも理由はありますか？

れい　：難しいですね。たくさんの人が働く場所が必ずしも都市ではなかったか，あるいは，人や物の移動や輸送手段が今とは違ったからですか？

先生　：するどい！　今の日本ではサービス業や工業で働く人が多いけれど，明治の頃はまだ農業が中心でした。だから④農業生産がさかんな地域に人が多かったと考えられますね。では当時の国内の輸送手段を調べてみてください。

ひなた：はい！　えーっと…，まだ鉄道や自動車の普及前なので，船による輸送が多かったみたいですね。そう考えると，⑤北海道と大阪をつないでいた北前船の寄港地に沿って人がたくさん住んでいたのではないでしょうか。

先生　：そうですね。時代と共に輸送手段や人口分布が変化していくことが分かりますね。

〈資料１〉　人口が少ないランキング（2021年）

順位	県名	人口(人)
1位	（　Ⅰ　）県	約549,000
2位	（　Ⅱ　）県	約665,000
3位	高知県	約684,000
4位	徳島県	約712,000

※『データでみる県勢2023』より

〈資料２〉　四つの工業地帯・地域についての説明文（工業生産額の多い順）

A）自動車を中心とした機械工業が占める割合が高い。
B）他の工業地帯に比べて金属の占める割合が高い。
C）機械工業の割合が約半分を占め，その他にふくまれる印刷業なども多い。
D）金属や食料品の占める割合が比較的高い。

〈資料3〉　米の収かく量が多いランキング（2021年）

順位	県名	生産量（ｔ）
1位	（　Ⅲ　）県	約620,000
2位	北海道	約573,700
3位	（　Ⅳ　）県	約501,200
4位	山形県	約393,800

※『データでみる県勢2023』より

問1　文中（　1　）〜（　3　）にあてはまるものを次よりそれぞれ選び，記号で答えなさい。同じ記号をくりかえし使ってもよい。(1)(　　　)　(2)(　　　)　(3)(　　　)

あ．自動車　　い．船舶（せんぱく）　　う．鉄道　　え．航空機

問2　文中＿＿①〜⑤について，次の問いに答えなさい。

①　〈資料1〉中（　Ⅰ　）・（　Ⅱ　）にあてはまる県を次よりそれぞれ選び，記号で答えなさい。

　　（Ⅰ）(　　　)　　（Ⅱ）(　　　)

あ．石川　　い．鳥取　　う．富山　　え．島根

②　次にあげる平野の中で，日本海側にはないものを次より選び，記号で答えなさい。(　　　)

あ．出雲平野　　い．庄内平野　　う．濃尾平野　　え．越後平野

③〔1〕　〈資料2〉中A)〜D)はかつて四大工業地帯と呼ばれていた。あてはまるものを次よりそれぞれ選び，記号で答えなさい。A)(　　　)　B)(　　　)　C)(　　　)　D)(　　　)

あ．北九州工業地域　　い．京浜工業地帯　　う．阪神工業地帯　　え．中京工業地帯

〔2〕　岡山県，広島県，山口県，香川県，愛媛県を中心に広がる工業地域の名称（めいしょう）を漢字で書きなさい。(　　　工業地域)

④　〈資料3〉中（　Ⅲ　）・（　Ⅳ　）にあてはまる県を次よりそれぞれ選び，記号で答えなさい。

　　（Ⅲ）(　　　)　　（Ⅳ）(　　　)

あ．新潟　　い．宮城　　う．秋田　　え．岩手

⑤〔1〕　この航路で北海道から多くの海産物が運ばれていた。その品目としてふさわしくないものを次より選び，記号で答えなさい。(　　　)

あ．サケ　　い．ニシン　　う．タイ　　え．コンブ

〔2〕　この北前船は，北海道から南下するよりも西日本から北上する方が早く目的地へ着くことができた。これは□□海流の影響（えいきょう）を受けるためである。□□にあてはまる語を漢字2字で書きなさい。□□海流

3　《食料生産》　次の先生と生徒の会話文を読んで，あとの問1〜問4に答えなさい。　　（清風中）

先　生：「スーパーマーケットのちらしを見て，みなさんが普段（ふだん）食べているものについて気づいたことはありますか。」

生徒A：「私たちがよく食べる①水産物は，日本産のものだけでなく外国産のものも多くあります。」

生徒B：「果物や野菜も，外国産のものが見られます。」

先　生：「②日本は，さまざまな食料を輸入していることがわかりますね。このことは環境（かんきょう）にも大

きな影響を与えているといえます。なぜだかわかりますか。」

生徒B：「食料を船などで輸入するときに、たくさんの燃料を使うからでしょうか。」

先　生：「そうです。③運ぶ食料の重さや運ぶ距離が増えると使う燃料も増え、環境への影響が大きくなります。」

生徒A：「他にも食料の輸入がもたらす影響を考えてみたいと思います。」

問1　下線部①に関連して、水産物の安定した生産を続けるための取り組みについて述べた文として適当でないものを、次のア～エから一つ選び、記号で答えなさい。（　　　）

ア　自国の水産資源を守るために、海岸から200海里の範囲の海で、他国の漁船がとる魚の種類や量を制限するようにしています。

イ　海の自然環境のことを考えながら生産された水産物には「海のエコラベル」がつけられ、消費者が持続可能な漁業を支援するのに役立っています。

ウ　卵から稚魚になるまでの時期に人が手をかけ、その後、自然の海や川に稚魚を放流し、成長したものをとる養殖漁業の研究が進められています。

エ　上流に豊かな森林がある川の水は栄養を多く含み、その川が流れ込む海では水産物がよく育つため、上流の森林で植樹がおこなわれることがあります。

問2　下線部②に関連して、次の図はおもな食品における日本の輸入量の変化を表したもので、図中のア～エは米、牛乳・乳製品、大豆、肉のいずれかです。米にあてはまるものを、ア～エから一つ選び、記号で答えなさい。（　　　）

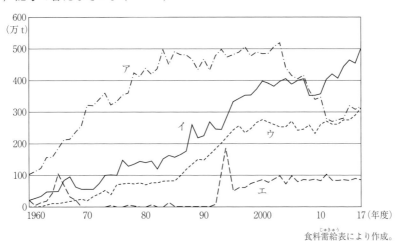

食料需給表により作成。

問3　下線部③に関連して、「食料の重さ×輸送距離」で求められる、食料輸入が環境に与える影響の大きさを表す指標を、解答欄に合うように、**カタカナ5字**で答えなさい。フード・□□□□□

問4　食料の輸出入について述べた文として**適当でない**ものを、次のア～エから一つ選び、記号で答えなさい。（　　　）

ア　広い農地で農産物を大量に生産し、安い価格で輸出している国があります。

イ　日本の農産物の中で品質の高いものは海外でも評価され、輸出されています。

ウ　日本に輸入されるすべての農産物には、生産地と生産者の情報が表示されています。

エ　日本では、いろいろな農産物の輸入により食生活が多様化し豊かになりました。

4 ≪ふるさと納税の返礼品≫　ふるさと納税とは，生まれた故郷や応援したい自治体に寄付ができる制度です。寄付をすると，地域の名産品などのお礼の品をもらうこともでき，地域を知るきっかけにもなります。次の①〜⑤の自治体やお礼の品に関して，後の問いに答えなさい。　　（同志社女中）

①　宮崎県 都 城 市 ［宮崎牛700g］　寄付額 15,000 円

②　千葉県 銚 子 市 ［国産いわし缶3種セット］　寄付額 10,000 円

③　岐阜県関市 ［プロも愛用する三徳包丁］　寄付額 28,000 円

④　高知県日高村 ［キャンプ用乾燥した針葉樹薪］　寄付額 5,000 円

⑤　群馬県嬬恋村 ［嬬恋キャベツのキーマカレーセット］　寄付額 15,000 円

問1　①の宮崎牛以外にも，宮崎県は畜産がさかんです。次の表は，2017年の家畜の都道府県別頭数および全国に占める割合を示したものです。表中のア〜エは，北海道，鹿児島県，宮崎県，千葉県のいずれかです。宮崎県に当たるものをア〜エから選び，記号で答えなさい。（　　　　）

乳用牛	頭数（万頭）	全国比（％）
ア	77.9	58.9
栃木	5.2	3.9
岩手	4.3	3.2
熊本	4.2	3.2
群馬	3.5	2.7
全国	132.3	100.0

肉用牛	頭数（万頭）	全国比（％）
ア	51.7	20.7
イ	32.2	12.9
ウ	24.4	9.8
熊本	12.6	5.0
岩手	9.2	3.7
全国	249.9	100.0

豚	頭数（万頭）	全国比（％）
イ	132.7	14.2
ウ	84.7	9.1
エ	66.4	7.1
ア	63.1	6.8
群馬	62.1	6.7
全国	934.6	100.0

肉用若鶏	羽数（万羽）	全国比（％）
ウ	2768	20.5
イ	2665	19.7
岩手	2200	16.3
青森	729	5.4
ア	469	3.5
全国	13492	100.0

『日本国勢図会　2018／19』による

問2　②の銚子市では，まきあみ漁という漁法でイワシやサバなどを獲る漁業がさかんです。まきあみ漁は，日本近海で行う漁業で，数日かけて漁をすることもあります。このような日本近海で行う漁業を何といいますか。漢字で答えなさい。（　　　　漁業）

問3　③の包丁をつくる金属工業のように，工業には様々な種類があります。右の表は，2012年の各種工業のおおよその生産額です。この中で重化学工業に当たる工業の生産額は，全体の生産額の何％ですか。小数第1位を四捨五入して，整数で答えなさい。（　　　　％）

	生産額（兆円）
金属工業	40
化学工業	43
機械工業	127
食料品工業	34
せんい工業	4
その他の工業	42
合計	290

「経済産業省統計」を参考に作成

問4　④に関連して，次のグラフのア〜エは，2020年の北海道，愛知県，大阪府，高知県のいずれ

かの林野率（都道府県の面積に占める林野の割合）を示したものです。高知県に当たるものをア〜エから選び，記号で答えなさい。（　　　）

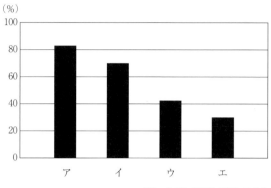

『データでみる県勢2022』による

問5　⑤の嬬恋村では，キャベツの生産がさかんです。キャベツを生産する畑が見られる嬬恋村の地図を，次のア〜オから１つ選び，記号で答えなさい。（　　　）

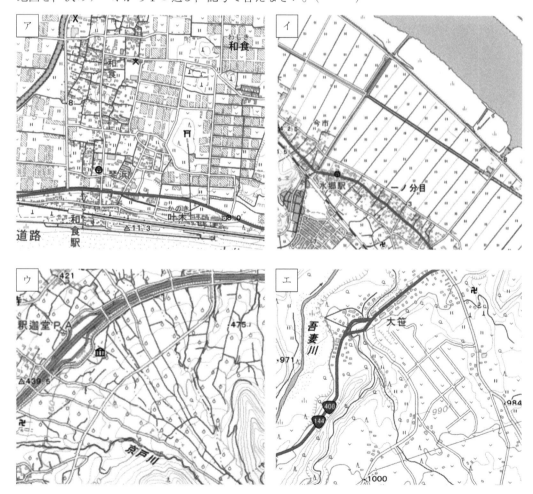

地理院地図より作成，縮尺は同じではない

問6　次の表は，①～⑤の自治体の面積，人口，人口密度，年齢別人口構成を示したものです。①
　　　～⑤の自治体について，後のア～エから誤っているものを1つ選び，記号で答えなさい。

（　　　　）

	自治体	面積 (km²)	人口 (人)	人口密度 (1 km² 当たり 人)	年齢別人口構成（％）		
					0～14 歳	15～64 歳	65 歳以上
①	宮崎県都城市	653.36	163571	250.4	13.8	54.8	31.4
②	千葉県銚子市	84.20	59109	702.0	7.7	54.5	37.8
③	岐阜県関市	472.33	87245	184.7	12.2	57.8	30.0
④	高知県日高村	44.58	4980	111.0	9.1	48.4	42.6
⑤	群馬県嬬恋村	337.58	9418	27.9	9.8	53.0	37.2

年齢別人口構成は各項目を四捨五入しているため，割合の合計は 100 ％にならないものもある

『データでみる県勢 2022』による

　　ア．人口密度が最も高い自治体は，面積は 2 番目に狭く，0～14 歳の人口の割合が最も低い。

　　イ．面積が最も広い自治体は，人口密度が 2 番目に高く，0～14 歳の人口の割合が最も高い。

　　ウ．15～64 歳の人口の割合が最も高い自治体は，面積が 2 番目に広く，人口は最も多い。

　　エ．人口密度が最も低い自治体は，人口と 15～64 歳の人口の割合がどちらも 2 番目に少ない。

5　≪最新の入試問題から≫　次の表 1 は，都道府県別農業産出額の上位 10 都道府県とその農業産出
　　　額，次の表 2 は，果実・米・畜産・野菜の各産出額の上位 5 都道府県とその産出額，そして地図は，
　　　表中の A～J を含む 15 都道府県の位置（黒くぬっている部分）をそれぞれ示しています。あとの問
　　　いに答えなさい。なお，農業産出額とは，農畜産物とそれを原料として作られた加工農産物の売上
　　　額のことをいいます。

（高槻中）

表1

位	都道府県	農業産出額・億円
1	A	13,106
2	B	4,997
3	C	4,263
4	D	3,478
5	E	3,477
6	F	3,471
7	G	3,277
8	H	2,922
9	I	2,693
10	J	2,651
計		88,600

『令和3年生産農業所得統計』より作成

表2

(1)

位	都道府県	産出額・億円
1	A	7,652
2	B	3,329
3	D	2,308
4	J	1,701
5	E	1,318
計		34,062

(2)

位	都道府県	産出額・億円
1	A	2,094
2	C	1,530
3	F	1,280
4	E	1,186
5	H	1,031
計		21,467

(3)

位	都道府県	産出額・億円
1	新潟	1,252
2	A	1,041
3	秋田	876
4	山形	701
5	宮城	634
計		13,751

(4)

位	都道府県	産出額・億円
1	G	1,094
2	長野	870
3	和歌山	790
4	山梨	789
5	山形	694
計		9,159

『令和3年生産農業所得統計』より作成

問1　(1)〜(4)の部門をそれぞれ答えなさい。

(1)(　　　)　(2)(　　　)　(3)(　　　)　(4)(　　　)

問2　Aにおいて，国内有数の稲作・畑作のさかんな平野をそれぞれ漢字で答えなさい。

　　稲作（　　　平野）　畑作（　　　平野）

問3　全都道府県の中で，Aが収穫量1位でないものを次の㋐～㋓から1つ選び，記号で答えなさい。なお，㋐と㋒は2020年産，他は2021年産です。（　　　　）

　　㋐　小豆　　㋑　大麦　　㋒　じゃがいも　　㋓　てんさい

問4　Bを中心として，DとEの南部には，細粒の軽石や火山灰から形成された保水力の小さな土壌が広がっています。その土壌の呼称を答えなさい。（　　　　）

問5　D・Eでは，ビニールハウスを利用して，それぞれピーマン・トマトなどの生育を早め，出荷時期をずらした栽培が行われています。その栽培方法を漢字で答えなさい。（　　　　）

問6　CとIの南部そしてFの北部は，国内最大の平野の一部です。その平野を漢字で答えなさい。

　　　　　　　　　　　　　　　　　　　　　　　　　　　　　　　　　（　　　　平野）

問7　C・Fの境の大半は，河川と重なっています。その河川を漢字で答えなさい。（　　　川）

問8　Iでは，「とちおとめ」などさまざまな品種の作物が栽培されています。その作物を答えなさい。（　　　　）

問9　G・Jなどでは，6月から8月にかけて，冷たく湿った北東からの風が吹き，冷害をもたらすことがあります。その風の呼称を答えなさい。（　　　　）

問10　Hの　1　半島は，電照菊栽培の発祥地です。　2　用水の開通によって，水不足が解消し，国内有数の産地となりました。空らんの適語を漢字で答えなさい。

　　　1（　　　）　2（　　　）

問11　A～Jにおいて，人口が最も多い都市を漢字で答えなさい。（　　　市）

問12　A～Jにおいて，都道府県庁所在都市の名称が異なる都道府県の数を答えなさい。（　　　　）

問13　A～Jのいずれも属さない地方をすべて漢字で答えなさい。（　　　　　）

3 日本各地の様子

1 **＜近畿地方＞** 右の近畿地方の地図に関する次の問い
に答えなさい。 (明星中)

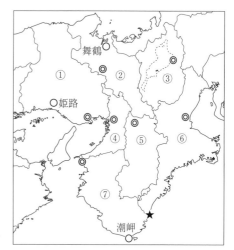

問1. 近畿地方を通っている経線と緯線の組み合わせと
して正しいものを，次のア〜エから1つ選びなさい。

( )

ア．東経 135 度　　　北緯 35 度

イ．東経 135 度　　　北緯 40 度

ウ．東経 140 度　　　北緯 35 度

エ．東経 140 度　　　北緯 40 度

問2. 地図中の◎は，都道府県庁所在地の都市の位置を
示していますが，このうち2つは明らかにその位置が
誤っています。誤っているものを，地図中の①〜⑦から2つ選び，番号で答えなさい。ただし，解
答の順序は問いません。( )( )

問3. 次のⅠ〜Ⅲは，地図中の舞鶴，姫路，潮岬のいずれかの場所の雨温図を示したものです。場
所とⅠ〜Ⅲとの組み合わせとして正しいものを，後のア〜カから1つ選びなさい。( )

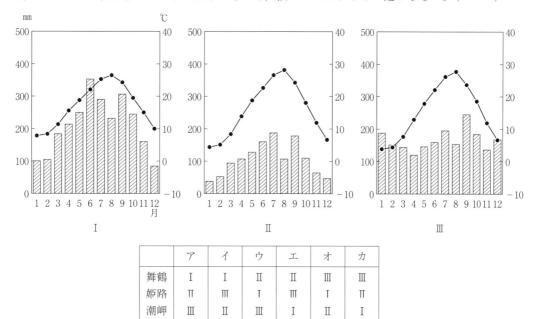

	ア	イ	ウ	エ	オ	カ
舞鶴	Ⅰ	Ⅰ	Ⅱ	Ⅱ	Ⅲ	Ⅲ
姫路	Ⅱ	Ⅲ	Ⅰ	Ⅲ	Ⅰ	Ⅱ
潮岬	Ⅲ	Ⅱ	Ⅲ	Ⅰ	Ⅱ	Ⅰ

問4. ①〜⑦の都道府県のうち，次のⅠ・Ⅱの条件を両方とも満たしているものを1つ選び，番号
で答えなさい。( )

Ⅰ　都道府県の名前と都道府県庁所在地都市の名前が異なる。

Ⅱ　かに類の漁獲量が多い。

問5．①の都道府県について述べた次の文a・bの下線部の正誤の組み合わせとして正しいものを，後のア～エから1つ選びなさい。（　　　）

　a　青森県から山口県まで鉄道や車で移動した場合，この都道府県を必ず通過する。

　b　この都道府県の南に位置する島は，本州とは鉄道や自動車が利用できる橋で結ばれている。

　　ア．a―正　　b―正　　イ．a―正　　b―誤　　ウ．a―誤　　b―正

　　エ．a―誤　　b―誤

問6．②の都道府県では，大都市向けの野菜などを栽培する園芸農業が行われていますが，近年は地域の活性化をはかることを目的に「地産地消」の取り組みが行われているところがあります。「地産地消」とはどのような取り組みなのかを説明しなさい。

　　（　　）

問7．次の文章は，③の都道府県にある琵琶湖に関して述べたものです。この文章を読み，(1)・(2)の問いに答えなさい。

　　日本最大の湖である琵琶湖の南に広がる（　あ　）盆地は，近畿地方でも有数の米どころとしても知られ，収穫された米は"（　あ　）米"として人気を集めています。

　　琵琶湖の豊富な水は，琵琶湖から流れ出した後，途中で桂川と木津川と合流してからは（　い　）川となって大阪湾に注いでおり，流域の生活用水や農業用水，工業用水として欠かせないものとなっています。

(1)　文中の空らん（　あ　）・（　い　）にあてはまる語句をそれぞれ答えなさい。

　　あ（　　　　）い（　　　　）

(2)　文中の下線部に関して，生活用水や農業用水，工業用水などの地下水の過剰なくみ上げなどが主な原因として発生した公害を何といいますか。（　　　）

問8．地図中の④の都道府県庁所在地都市と東京との直線距離は，約400kmです。これを参考にして，地図中の舞鶴と★印との直線距離として最も適当なものを，次のア～エから1つ選びなさい。

　　　　　　　　　　　　　　　　　　　　　　　　　　　　　　　　　　　　　　　（　　　）

　　ア．100km　　イ．200km　　ウ．300km　　エ．400km

問9．地図中の⑤の都道府県について，

(1)　この都道府県は，かつて都が置かれ栄えたこともあり神社仏閣が数多くみられます。このうち，神社は地形図上でどのような記号で表されますか。神社の地図記号を記しなさい。

　　　　　　　　　　　　　　　　　　　　　　　　　　　　　　　　　　　　　　　（　　　）

(2)　この都道府県の南部では，過疎化の進行が問題となっています。日本で行われている過疎化の対策について述べた次の文a・bの正誤の組み合わせとして正しいものを，後のア～エから1つ選びなさい。（　　　）

　a　人口の多い国から労働力を呼び込み，税金を免除して生活を全面的にサポートすることで人口を増やす。

　b　行政が住民の日々の社会生活を維持することや，若者が地域で働ける場所を増やす。

　　ア．a―正　　b―正　　イ．a―正　　b―誤　　ウ．a―誤　　b―正

　　エ．a―誤　　b―誤

問10．地図中の⑥の都道府県に位置する都市では，かつて四大公害病の一つが社会問題となりました。この公害病について述べた文として最も適当なものを，次のア～エから１つ選びなさい。

（　　　）

ア．河川の流域で発生した，カドミウムが原因とされている公害病である。

イ．河川の流域で発生した，メチル水銀化合物が原因とされている公害病である。

ウ．湾の沿岸周辺で発生した，メチル水銀化合物が原因とされている公害病である。

エ．大気中に排出された亜硫酸ガスが原因で，ぜんそくが引き起こされた公害病である。

問11．地図中の⑦の都道府県で栽培がさかんな作物は，その果実を塩漬けにし，赤ジソの葉で色づけした上で日干しにした保存食品や，その実を氷砂糖とともにアルコールに漬けこみ，熟成させた果実酒として販売されています。この作物の名前を答えなさい。（　　　）

問12．次の表は，近畿地方に位置している都道府県について整理したものです。この表について，(1)・(2)の問いに答えなさい。なお，表中の①～⑦は，地図中の①～⑦と同じです。

	面積 （km²）	人口 （万人）	農業 産出額 （億円）	製造品 出荷額 （十億円）	産業別人口 （%）			新幹線 の駅の 有無	※空港 の有無
					第1次	第2次	第3次		
①	8401	547	1478	16390	2.1	26.0	71.9	あり	Y
②	4612	258	642	5742	2.2	23.6	74.1	あり	Z
③	4017	141	619	8075	2.7	33.8	63.4	あり	なし
④	1905	884	311	17270	0.6	24.3	75.1	あり	あり
⑤	3691	132	395	2149	2.7	23.4	73.9	なし	なし
⑥	5774	177	1043	10769	3.7	32.0	64.3	X	なし
⑦	4725	92	1104	2675	9.0	22.3	68.7	なし	あり

※民間の航空会社の便の離発着がある空港。

（『日本国勢図会 2022／23』などによる）

(1)　表中のX～Zにあてはまる語句（あり・なし）の組み合わせとして正しいものを，次のア～カから１つ選びなさい。（　　　）

	ア	イ	ウ	エ	オ	カ
X	あり	あり	なし	あり	なし	なし
Y	あり	なし	あり	なし	あり	なし
Z	なし	あり	あり	なし	なし	あり

(2)　表から読み取れることがらや関連することがらとして適当なものを，次のア～オから２つ選びなさい。ただし，解答の順序は問いません。（　　　）（　　　）

ア．④の面積は近畿地方で最もせまく，また全国でも２番目にせまい。

イ．海に面していない内陸に位置する都道府県の人口の合計は，④の約５分の１である。

ウ．①～⑦の人口の合計は，東京都と神奈川県の人口の合計とほぼ同じである。

エ．農業産出額が最も多い都道府県は，製造品出荷額も最も多い。

オ．第２次産業の就業者の数が最も多いのは，③の都道府県である。

2 ≪中部地方≫　東海地方について，あとの問いに答えなさい。 （須磨学園中）

問1　右の例にならって，解答らん中の白地図に濃尾平野を書き込みなさい。

例)

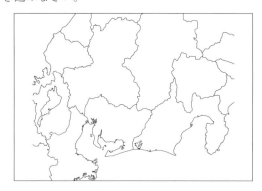

問2　濃尾平野には輪中とよばれる地域が形成されました。輪中での生活の工夫について述べたあとの文章中の下線部ア〜エより，**適切でないもの**を1つ選び，記号で答えなさい。（　　　　）

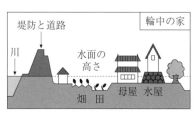

堤防と道路

輪中の家

川　　水面の高さ

畑　田　母屋　水屋

※写真は海津市のHPより。

図1　　　　　　　　　　写真

　　水害の多い木曽三川下流の地域では，集落や耕地を守るために輪中堤と呼ばれる堤防で周囲を囲んだ「輪中」がいくつもつくられました。輪中では，ア 堤防で囲んだことで得にくくなった水を得やすくするために写真のような「堀田」と呼ばれる田がつくられました。

水害は減ったとはいえ，洪水の際には破堤して輪中内が浸水することもあったため，図1のように，ィ 家屋は少し高いところに建てられ，仏壇のように大切なものは家の中でも高いところに置かれるといった工夫がなされました。ゥ 避難時に必要なものを 蓄 えておく水屋の中には，しばらくの間，暮らせる住居の機能を備えたものもありました。

洪水時にはあえて 堤 を切ることで被害が大きくなるのを防いだケースもありました。また，ェ 堤防の決壊したことがある箇所や弱い部分には，水神の 祠 や石碑が建つこともよくありました。

問3　次のグラフ【Ⅰ】【Ⅱ】は，1960年もしくは2019年の日本の工業地帯・地域の出荷額の割合を表しており，グラフ中のア〜エには，北九州，京浜，中京，東海のいずれかが当てはまります。ア〜エより中京と東海にあたるものをそれぞれ選び，記号で答えなさい。

中京（　　　）　東海（　　　）

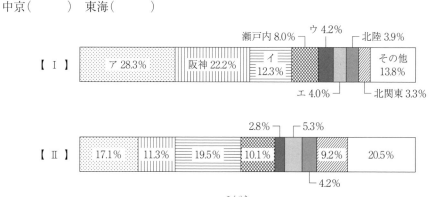

問4　次の図2は，各都道府県の在留外国人の国籍のうち最も多いものを表しており，Ⅲ〜Ⅴには，中国，韓国・朝鮮，ブラジルのいずれかが当てはまります。図3は，各都道府県の就業者に占める第2次産業人口比率を高位，中位，低位に分けて示したものです。図中のⅣに当たる国籍を答え，「高位」にあたるものをア〜ウより選び，記号で答えなさい。Ⅳ（　　　）　高位（　　　）

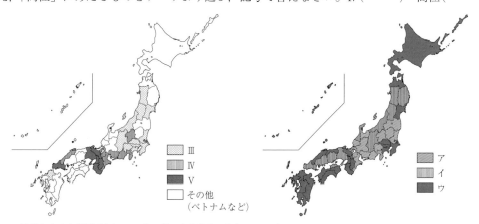

※統計年次は在留外国人が2020年，第2次産業人口比率が2017年。
※『県勢』より作成。

図2　　　　　　　　　　　　　　　　　　　　図3

問5　岐阜県は日本の中央部に位置する県として有名です。次のア～エは，右の図4中の大垣市とA～Dのいずれかの地点との間の断面図です。大垣市とDの間の断面図にあたるものを次のア～エより選び，記号で答えなさい。（　　　）

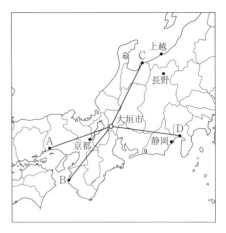

図4

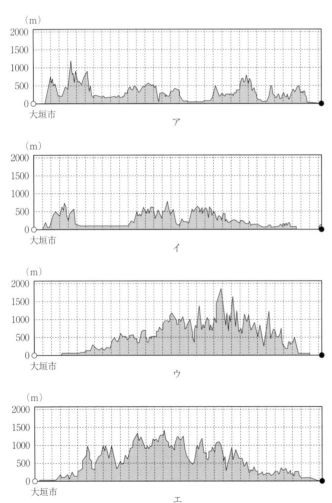

問6　次のグラフⅥ・Ⅶ中のア～エは，図4中の京都，静岡，上越，長野のいずれかの最も暖かい月と寒い月の月平均気温，最も降水量の多い月と少ない月の平均降水量を表しています。ア～エより静岡にあたるものを選び，記号で答えなさい。（　　　）

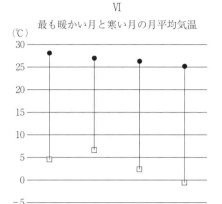

Ⅵ
最も暖かい月と寒い月の月平均気温

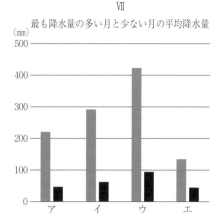

Ⅶ
最も降水量の多い月と少ない月の平均降水量

問7　次の図5中の渥美半島に関するあとの問いに答えなさい。

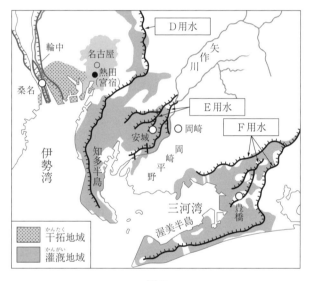

図5

(1)　渥美半島では，写真のように夜間に電気を灯した施設での菊の栽培がさかんです。なぜこのような栽培方法が行われるのかを説明した次の文の〔　　〕にふさわしい内容を答えなさい。

（　　　　　　　　　　　　　　　　　　　　　　　　　　　　　　）

〔　　　　　　　　〕ことで，他の産地と差別化をはかり，高い収益をあげるため。

写真

※愛知県園芸農産課のHPより。

(2)　渥美半島などに張り巡らされた愛知県の3つの灌漑用水の説明と図5中のD〜Fの組み合わせとして適切なものをあとのア〜カより選び，記号で答えなさい。（　　　）

愛知用水　大きな川のない丘陵地域へ木曽川から引水し，上水道や農業用水として供給しており，工業用水として製鉄所でも利用されている。

豊川用水　台地や砂丘が多く水を得にくい地域へ豊川から引水し，一帯の地域を全国有数の農

業地域にまで発展させた。

明治用水　江戸時代末に全国に先駆けて測量・開削が行われた近代農業用水で，2022 年の漏水事故では，一帯の自動車産業に影響が出た。

	ア	イ	ウ	エ	オ	カ
愛知用水	D	D	E	E	F	F
豊川用水	E	F	D	F	D	E
明治用水	F	E	F	D	E	D

問8　江戸時代の「東海道」の江戸から京へ向かうルートは，現在の東海道新幹線と異なり桑名宿から，伊勢国（現在の三重県）を通るものでした。桑名宿とその1つ手前の宮宿の間は，「七里の渡し」と呼ばれる海路か用いられていましたが，その理由を説明したものとして**適切でないもの**を次の選択肢ア〜エより1つ選び，記号で答えなさい。（　　　　）

ア　桑名宿―宮宿間の陸地側には洪水や高潮のリスクがあった。

イ　桑名宿―宮宿間には陸路もあったが，迂回するぶん時間がかかった。

ウ　旅人にとって海路の方が負担が少なく，楽しみも多かった。

エ　幕府が海路を通るよう指定した。

3　≪北海道地方≫　次の文章を読んで，あとの問1〜問4に答えなさい。　　　　　（清風中）

北海道は，日本の都道府県の中で一番北に位置しています。本州とは（　X　）海峡でへだてられており，中央には活火山である（　Y　）山があります。おもな都市としては，（　Z　）平野にある①札幌市や，ほぼ中央にある②旭川市，南部にある函館市などがあげられます。また，③特徴的な気候や農作物などを生かした観光業もさかんで，2017 年度には年間でのべ約 4600 万人の観光客が道外から訪れています。

問1　文章中の（　X　）〜（　Z　）の地名の組み合わせとして正しいものを，次のア〜カから一つ選び，記号で答えなさい。（　　　　）

	ア	イ	ウ	エ	オ	カ
X	関門	関門	関門	津軽	津軽	津軽
Y	大雪	鳥海	鳥海	鳥海	大雪	大雪
Z	十勝	十勝	石狩	石狩	石狩	十勝

問2　下線部①に関連して，札幌市は北海道の中心都市で，道庁所在地にもなっています。県名と県庁所在地の組み合わせとして正しいものを，次のア〜エから一つ選び，記号で答えなさい。

（　　　　）

ア　岩手県―盛岡市　　イ　静岡県―浜松市　　ウ　三重県―四日市市　　エ　岡山県―倉敷市

問3　下線部②に関連して，次の図は，旭川市と大阪市のいずれかの月別平均気温と降水量を表したものです。旭川市を表したものの組み合わせとして正しいものを，あとのア〜エから一つ選び，記号で答えなさい。（　　　　）

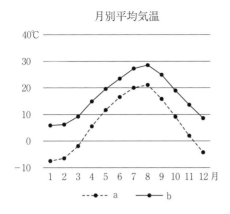

月別平均気温

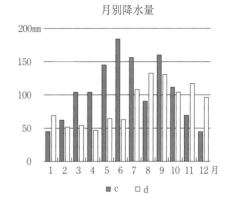

月別降水量

『データブック　オブ・ザ・ワールド 2022』により作成。

ア　a―c　　イ　a―d　　ウ　b―c　　エ　b―d

問4　下線部③に関連して，次の図は道外から北海道に訪れる観光客数を月別に表したものです。これを見て，観光客の少ない時期の観光客増加を目的としておこなわれたこととして**適当でない**ものを，あとのア～エから一つ選び，記号で答えなさい。（　　　　）

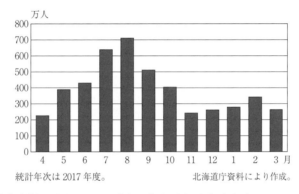

統計年次は2017年度。　　　　　　　　　　北海道庁資料により作成。

ア　すてられる雪を利用したさっぽろ雪まつりがはじまりました。

イ　北海道の気候が生育に適しているので，ラベンダー畑を大規模につくりました。

ウ　春先まで滑（すべ）れるという利点を生かして，新しいスキー場の開発が進みました。

エ　オホーツク海の流氷の上を歩くエコツアーを実施（じっし）しました。

4　≪都道府県の特徴①≫　次のA～Dの各文は，それぞれ県の特色を示しています。各文を読み，あとの問いに答えなさい。

（四天王寺中）

A　この県には海津市があり，となり合う三重県とともに（　1　）川・長良川・揖斐川がまざり合い，昔からこう水が起きやすい地形でした。そこで今から700年ほど前，①中洲のまわりを堤防で囲み，その中に田畑をつくり，家は堤防の内側の高いところに建てました。これを（　2　）といいます。水の豊かな（　2　）では昔から稲作が行われてきましたが，排水が不十分でした。しかし，大きな排水機場ができてから水はけがよくなり，米だけでなく野菜やくだものも生産されています。

B　日本で最も台風の被害が多いこの県は，しっくいで屋根がわらを固め，石垣で家のまわりを囲む

伝統的な家も今なお残っています。太平洋戦争で激しい戦場となったこの県は，（　3　）年にアメリカから日本に返された後もアメリカの基地は残り，広い面積をしめています。この県では②サトウキビが生産され，パイナップルやマンゴーなどのくだものも栽培されています。さらに，きくの栽培もさかんで，電灯を使って花がさく時期を調整するので「（　4　）ぎく」とよばれています。

C　この県にある③庄内平野では，米作りの生産性を高めるため，区画を広げ水路や農道を整備して耕地整理が行われてきました。鶴岡市の水田農業試験場では，庄内平野でもっとも多く栽培されている米，④「はえぬき」も開発されました。しかし，55 年ほど前から米の生産量が消費量を上回って米があまるようになり，米の生産調整が行われました。庄内平野でも，多くの農家が，米作りから大豆やネギなどの野菜栽培にきりかえる（　5　）をする農家がふえてきました。

D　この県にある嬬恋村は，高さが1000m 以上ある高原です。この村では明治時代の終わりごろから⑤キャベツ作りが始められ，⑥気候の特色を生かした栽培が行われてきました。2016 年に嬬恋村は，「浅間山北麓（　6　）」の一部として認定されました。（　6　）とは，大地の公園という意味です。嬬恋村では，浅間山噴火の被害と復興を通して，歴史や人々の生活を知ってもらう取り組みも行われています。

問1　A～Dの各文中の（　　）にあてはまる語句や数字を答えなさい。

　　1（　　　）　2（　　　）　3（　　　）　4（　　　）　5（　　　）　6（　　　　）

問2　下線部①について，川の流れや水路などを改良して水害を防ぎ，水をくらしや産業に利用できるようにすることを何といいますか。（　　　）

問3　下線部②について，次のグラフのa～dはこの県の稲・サトウキビ・飼料（牧草）・野菜の作付け面積を表しています。サトウキビと稲の作付け面積を示しているグラフの正しい組み合わせを1つ選び，ア～カの記号で答えなさい。（　　　）

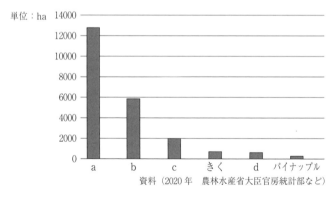

資料（2020 年　農林水産省大臣官房統計部など）

　　ア　aとb　　イ　aとc　　ウ　aとd　　エ　bとc　　オ　bとd　　カ　cとd

問4　下線部③について，この平野を流れている川を次より1つ選び，ア～エの記号で答えなさい。

（　　　　）

　　ア　雄物川　　イ　北上川　　ウ　天竜川　　エ　最上川

問5　下線部④について，米など性質にちがいのある同じ種類の作物を組み合わせ，「はえぬき」のようによりすぐれた作物を作り上げることを何といいますか。（　　　）

問6　下線部⑤について，次のグラフはキャベツの出荷時期における都道府県の割合を示していま

す。この県と茨城県のものをグラフより1つずつ選び，ア～エの記号で答えなさい。

　　この県（　　　）　茨城県（　　　）

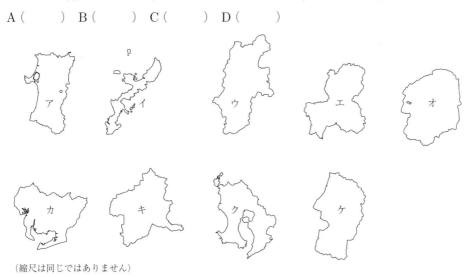

　　　　　　　　　　　　　　　　　　　　資料（2019年　作物統計調査より）

問7　下線部⑥について，旬の時期をずらし，すずしい気候を利用して遅い時期に出荷するように栽培する方法を何といいますか。（　　　　）

問8　A～Dの各文にあるこの県の形を次より1つずつ選び，ア～ケの記号で答えなさい。

　　A（　　　）　B（　　　）　C（　　　）　D（　　　）

（縮尺は同じではありません）

5　≪都道府県の特徴②≫　日本に関する次の問に答えなさい。　　　　　　　　　　（洛星中）

問1．面積の広い上位5都道府県（北海道，岩手県，福島県，長野県，新潟県）について，

（1）　日本の国土面積にしめる北海道の面積の割合として最も近いものを次から選び，記号で答えなさい。（　　　　）

　　あ．5 ％　　い．20 ％　　う．35 ％　　え．50 ％

（2）　岩手県，福島県，長野県，新潟県の地形に関する次の文のうち，岩手県に関するものを1つ選び，記号で答えなさい。（　　　　）

　　あ．東部には山脈が，北部の沿岸には平野があり，その海岸線はなだらかである。

　　い．西部には山脈が，東部には高地がそれぞれ南北にのびており，東岸の海岸線は入り組んでいる。

う．中央部には湖が，東部には南北にのびる高地があり，東岸の海岸線は単調である。

え．中央部には湖が，北西部と南部には南北にのびる山脈があり，海岸はない。

(3)　次の雨温図A〜Cは，福島県，長野県，新潟県の県庁所在地である福島市，長野市，新潟市のものです。A〜Cと県庁所在地との正しい組み合わせをあとから選び，記号で答えなさい。

（　　　）

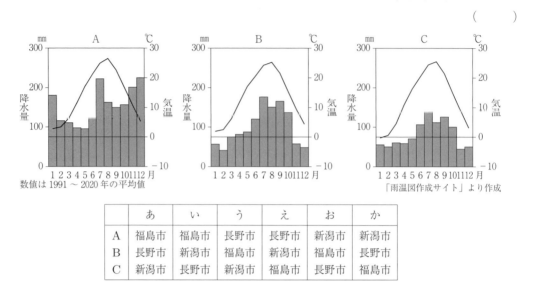

数値は1991〜2020年の平均値

「雨温図作成サイト」より作成

	あ	い	う	え	お	か
A	福島市	福島市	長野市	長野市	新潟市	新潟市
B	長野市	新潟市	福島市	新潟市	福島市	長野市
C	新潟市	長野市	新潟市	福島市	長野市	福島市

(4)　面積の広い上位5都道府県のすべてで起こりうる災害として適当でないものを次から1つ選び，記号で答えなさい。（　　　）

あ．火山噴火　　　い．洪水　　　う．地震　　　え．高潮

(5)　日本の地形図で用いられている地図記号のうち，次の地図記号は近年新たに加えられたものです。自然災害伝承碑にあたるものを選び，記号で答えなさい。（　　　）

あ．　　　い．　　　う．　　　え．　　　お．

問2．次の表は，農業産出額の上位5都道府県に関するものです。

	農業産出額(2019年，億円)					耕地面積 (2020年，ha)	農業従事者 (2020年，人)
	総額	内訳					
		米	野菜	果物	畜産		
X	12558	1254	1951	71	7350	1143000	80552
鹿児島	4890	209	532	110	3227	114800	55146
茨城	4302	809	1575	102	1243	163600	104547
千葉	3859	689	1305	114	1248	123500	83894
宮崎	3396	172	661	123	2209	65200	44375
全国	88938	17426	21515	8399	32107	4372000	2493672

『データでみる県勢2022』より作成

(1)　表から読みとれることとしてまちがっているものを次から1つ選び，記号で答えなさい。

（　　　）

あ．Xは，農業従事者1人あたりの耕地面積が，他の4県よりもせまい。

　　い．鹿児島県と宮崎県は，農業産出額の総額にしめる畜産の割合が，他の3都道府県よりも高い。

　　う．表中の5都道府県の農業産出額の総額の合計は，全国の約30％をしめる。

　　え．表中の5都道府県の農業従事者の人数の合計は，全国の約15％をしめる。

⑵　Xにあたる都道府県を答えなさい。（　　　　）

⑶　X，茨城県，千葉県は，野菜の産出額の上位3都道府県で，野菜の生産がさかんな都道府県といえますが，Xと，茨城県・千葉県では，生産がさかんになった理由が異なります。茨城県・千葉県で野菜の生産がさかんな理由を，地形や気候といった自然環境以外の面から答えなさい。

　　（　　　　　　　　　　　　　　　　　　　　　　　　　　　　　　　　　　　　　）

6　≪最新の入試問題から≫　真子さん一家は夏休み，兵庫県西宮市から祖父母の住む東京へ自動車に乗って遊びに行きました。次の【地図】をよく見て，あとの問いに答えなさい。　（神戸女学院中）

問1　真子さん一家は西宮IC（インターチェンジ。高速道路の出入口）から高速道路Aの上り線に乗りました。高速道路Aの名称を解答欄にしたがって漢字で答えなさい。□□□□□

問2　西宮ICから高速道路Aの上り線を走った場合に，最初に通る「海に面していない都道府県」（以下，内陸県と表記）　X　を漢字で答えなさい。なお「都」「道」「府」「県」まで答えること。

　　　　　　　　　　　　　　　　　　　　　　　　　　　　　　　　　　　　　（　　　　）

問3　内陸県に興味をもった真子さんは，地図帳で　X　をみつけると，　X　を出発し，隣接^{りん}する内陸県だけをつぎつぎと通ってどこまで行けるか，地図帳の上を指でたどりました。すると，　X　から5つの内陸県を通って山梨県^{やまなし}までたどることができました。次の問いに答えなさい。

1）真子さんが　X　から山梨県までたどった5つの内陸県を，通った順に漢字で答えなさい。なお「都」「道」「府」「県」まで答えること。通る都道府県は内陸県でなければならず，一度通った内陸県を再び通ってはいけません。

　　　X →（　　　　）→（　　　　）→（　　　　）→（　　　　）→（　　　　）→山梨県

2）1）で答えた5つの内陸県の形を，次の①〜⑤のうちから選び，次の解答欄に番号で答えなさい。なお①〜⑤の縮尺は同一ではありません。

　　　X →（　　　　）→（　　　　）→（　　　　）→（　　　　）→（　　　　）→山梨県

問4　X　にある宿場町から出発し，高速道路Aから中央自動車道を通る東京までの道のりは，江戸^{えど}時代の五街道^{かい}のうちの2つとほぼ同じルートを通っています。その2つの街道の名前を漢字で答えなさい。（　　　　）（　　　　）

4 世界と日本のつながり

きんきの中入 発展編

1 ≪各国の様子≫ 次の地図をみて、後の問いに答えなさい。なお、統計は『世界国勢図会 2022／23 年版』（矢野恒太記念会）、および『データブック オブ・ザ・ワールド 2022年版』（二宮書店）による。

(京都女中)

問1 右の表中の①〜⑤は、地図中のア〜オのいずれかの国の農産物自給率（％，重量から計算）を示しています（2019年）。②にあてはまる国はどれですか、地図中のア〜オから1つ選び、記号で答えなさい。（　　　）

	肉類	小麦	米	豆類
①	146	0	147	94
②	139	351	0	470
③	137	46	100	99
④	102	200	12	118
⑤	61	16	94	43

問2 次の①・②のグラフは、ある2つの輸入品について、地図中のオの国の主な輸入先とその金額による割合を示しています（2020年）。①と②にあてはまる輸入品はどれですか、下のA〜Eから1つずつ選び、記号で答えなさい。また、グラフ中のXとYにあてはまる国はどれですか、地図中のア〜エから1つずつ選び、記号で答えなさい。①（　　　）②（　　　）X（　　　）Y（　　　）

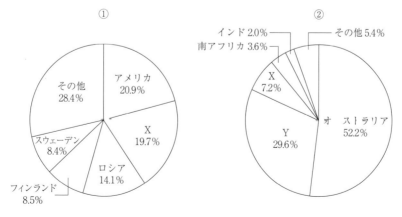

A. コーヒー豆　B. 石炭　C. 鉄鉱石　D. とうもろこし　E. 木材

2 《資源・エネルギー》　以下のエネルギーと鉱産資源に関する地図とグラフを見て，あとの問いに答えなさい。

(立命館宇治中)

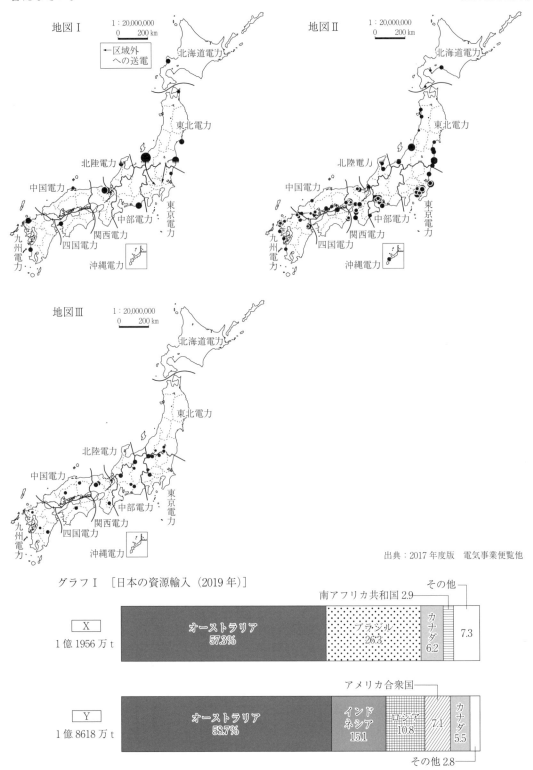

地図Ⅰ　1：20,000,000

地図Ⅱ　1：20,000,000

地図Ⅲ　1：20,000,000

出典：2017年度版　電気事業便覧他

グラフⅠ　［日本の資源輸入（2019年）］

その他

南アフリカ共和国 2.9

X
1億1956万t

オーストラリア 57.3% ／ ブラジル 26.3 ／ カナダ 6.2 ／ 7.3

アメリカ合衆国

Y
1億8618万t

オーストラリア 58.7% ／ インドネシア 15.1 ／ ロシア 10.8 ／ 7.1 ／ カナダ 5.5

その他 2.8

出典：財務省貿易統計より作成

グラフⅡ　［日本の原油輸入先（2019年度）］

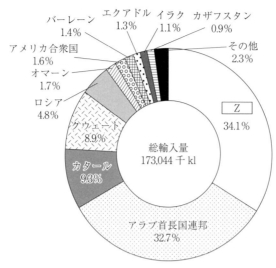

出典：経済産業省「資源・エネルギー統計年報」を基に作成

グラフⅢ　［主要国のエネルギー自給率（2017年，日本のみ2018年）］

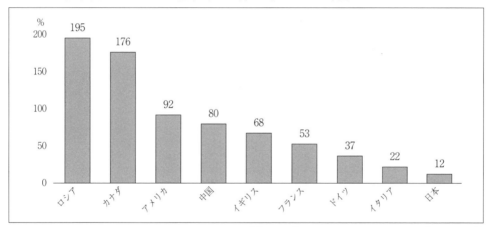

出典：IEA「WORLD ENERGY BALANCES（2019 edition）」
日本は資源エネルギー庁「平成30年度エネルギー実績（速報）」をもとに作成

(1)　地図Ⅰ～Ⅲは，それぞれ火力・原子力・水力発電所のいずれか
　　の分布を示しています。Ⅰ～Ⅲの組み合わせとして正しいものを
　　右のア～カから一つ選び，記号で答えなさい。（　　　　）

(2)　グラフⅠは，日本の資源輸入先を表しています。グラフ中
　　の　X　と　Y　に当てはまる資源の名称を答えなさい。
　　X（　　　　）Y（　　　　）

(3)　グラフⅡについて，　Z　に当てはまる国名を答えなさい。

　　　　　　　　　　　　　　　　　　　　　　（　　　　　）

	Ⅰ	Ⅱ	Ⅲ
ア	火力	原子力	水力
イ	火力	水力	原子力
ウ	原子力	火力	水力
エ	原子力	水力	火力
オ	水力	火力	原子力
カ	水力	原子力	火力

(4)　グラフⅢは主要国のエネルギー自給率を表しています。日本ではエネルギー自給率を上げるた
　　めに再生可能エネルギーの普及に力を入れています。再生可能エネルギーの中で，家畜の排泄物や
　　農作物など，生物由来の資源エネルギーを利用した発電方法の名称を答えなさい。（　　　　発電）

3　≪国連加盟国と日本≫　次の文章と地図をみて，あとの問いに答えなさい。　　（京都産業大附中）

文章　①国際連合憲章のもとに，国際の平和と安全に主要な責任を持つのが安全保障理事会で，②常任理事国5か国（中国・フランス・ロシア連邦・イギリス・アメリカ）と，総会が2年の任期で選ぶ非常任理事国10か国，合計15か国で構成されています。③日本は，2022年の国連総会において，安全保障理事会非常任理事国に選出され，2023年1月1日から2年間の任期を務めることとなりました。

地図

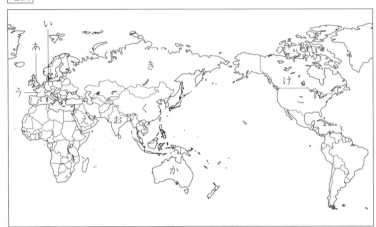

問1　下線部①について，右の写真に示した国際連合の本部はどこの都市におかれていますか。都市名を，次のア～オの中から1つ選び，記号で答えなさい。（　　　　）

　　ア　パリ　　イ　ニューヨーク　　ウ　ロンドン　　エ　ローマ
　　オ　ワシントン

問2　下線部②について，常任理事国5か国（中国・フランス・ロシア連邦・イギリス・アメリカ）の位置を，地図中の あ～こ の中からそれぞれ選び，記号で答えなさい。

　　　中国（　　　）　フランス（　　　）　ロシア連邦（　　　）　イギリス（　　　）　アメリカ（　　　）

問3　下線部②にある5か国の説明文として，正しくないものを次のア～オの中から**2つ**選び，記号で答えなさい。（　　　）（　　　）

　　ア　イギリスの首都ロンドンは世界金融の中心地の1つで，本初子午線が通っています。

　　イ　ロシア連邦はユーラシア大陸北部に国土が広がり，世界で2番目に大きい面積をもつ国です。

　　ウ　フランスには大きな平原が広がっていて，農業もさかんで，「EUの穀倉」とも呼ばれています。

　　エ　中国は，経済発展がいちじるしいBRICS（ブリックス）の1つです。

　　オ　アメリカ合衆国は，国土の南部は比較的寒冷な気候で，北部は温暖で湿潤な気候です。

問4　下線部③について，次の表は2020年の日本の貿易（輸出額・輸入額）をしめしています。空らん（1）～（3）にあてはまる国名を答えなさい。なお空らん（1）・（2）には下線部②の5か国のいずれかがあてはまります。1（　　　）　2（　　　）　3（　　　）

輸出	輸出相手国・地域	金額(億円)	輸入	輸入相手国・地域	金額(億円)
1位	（ 1 ）	150,820	1位	（ 1 ）	175,077
2位	（ 2 ）	126,108	2位	（ 2 ）	74,535
3位	（ 3 ）	47,665	3位	オーストラリア	38,313
4位	台湾	47,391	4位	台湾	28,629
5位	香港	34,146	5位	（ 3 ）	28,416
	世界計	683,991		世界計	680,108

日本の貿易(輸出額)　　　　　日本の貿易(輸入額)

財務省貿易統計

④　≪最新の入試問題から≫　次の文章を読んで，あとの各問いに答えなさい。　　　（清風中）

　日本は資源が少ないため，多くの①原料や燃料を輸入にたよっています。輸入された原料や燃料は，国内各地の工場に運ばれ，②工業製品に加工され輸出されます。国内の工業の発展に③貿易は欠かすことができません。また，交通の発達や冷凍技術の進歩により，食料の輸入が増加しています。それにより④日本の食料の生産が減少する可能性があるため，対策が必要です。

問1　下線部①に関連して，次の表は天然ガス，原油，石炭，鉄鉱石について，日本の輸入相手国上位3か国とその割合を表したものです。天然ガスにあてはまるものを，表中のア〜エから一つ選び，記号で答えなさい。（　　　）

ア	オーストラリア（65.4 %）　インドネシア（12.4 %）　ロシア（10.8 %）
イ	オーストラリア（58.8 %）　ブラジル（26.6 %）　カナダ（6.3 %）
ウ	オーストラリア（35.8 %）　マレーシア（13.6 %）　カタール（12.1 %）
エ	サウジアラビア（39.7 %）　アラブ首長国連邦（34.7 %）　クウェート（8.4 %）

統計年次は2021年。

『地理統計要覧　2023年版』により作成。

問2　下線部②に関連して，次の図は，日本の輸出総額に占める品目別割合の変化を表したもので，図中のア〜エは化学製品，自動車，せんい，鉄鋼のいずれかです。自動車にあてはまるものを，ア〜エから一つ選び，記号で答えなさい。（　　　）

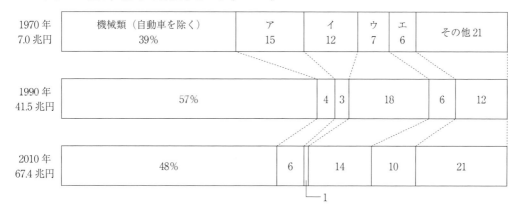

通商白書各年版，財務省貿易統計により作成。

問3　下線部③に関連して，日本の貿易とそれにともなう問題について述べた文として**適当でない**ものを，次のア～エから一つ選び，記号で答えなさい。（　　　）

ア　1980年代にアメリカとの間で貿易摩擦が激しくなったため，アメリカに工場を移して現地で工業製品を生産するようになりました。

イ　1980年代後半以降，工業製品を生産する費用が日本よりも安いアジアの国々へ移転する工場が増えたため，一部の工業では産業の空洞化が進んでいます。

ウ　1990年から2000年にかけて，国内の沖合漁業の漁獲量が減少する一方，外国からの魚の輸入量は増加しました。

エ　東日本大震災以降，火力発電の割合が増加したため，2019年では原油などの燃料の輸入額が機械類の輸入額を上回っています。

問4　下線部④に関連して，次の図は日本におけるおもな食料の生産量の変化を表したもので，図中のA～Cは果物，小麦，魚・貝類のいずれかです。A～Cの食料の組み合わせとして正しいものを，あとのア～カから一つ選び，記号で答えなさい。（　　　）

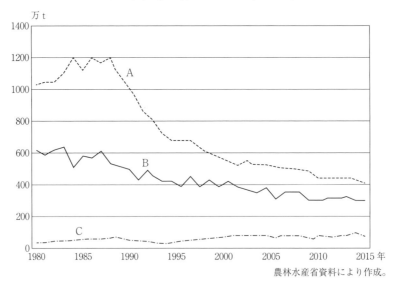

農林水産省資料により作成。

	ア	イ	ウ	エ	オ	カ
A	果物	果物	小麦	小麦	魚・貝類	魚・貝類
B	小麦	魚・貝類	果物	魚・貝類	果物	小麦
C	魚・貝類	小麦	魚・貝類	果物	小麦	果物

1 ≪旅行先の地理≫ 6年生の登美子さんのクラスでは、「夏休みのお出かけ発表会」の準備をすすめていました。クラスのみんなは、このところ家族で旅行に出かけることも少なかったので、夏休み前に担任の行力先生から「以前出かけたところをくわしく調べ、それを班ごとに発表して、みんなで旅行気分を味わってみよう」という「宿題」が出されました。その後、登美子さんの班の3人は、次の【発表文】A〜Cをまとめました。これをよく読み、関連するあとの各問いに答えなさい。

(奈良学園登美ヶ丘中)

【発表文A】 登美子さん…「長野県安曇野市」

…内陸部である長野県内を流れる「千曲川」は、新潟県に入ると「信濃川」と名前を変えて、日本海へ注いでいます。

…安曇野市は県の北部にあり、豊かな自然環境に恵まれ農業がさかんです。付近の温泉やスキー場には多くの人々が訪れています。

【発表文B】 仁智くん…「神奈川県鎌倉市」

…神奈川県は太平洋側に面しており、横浜市や川崎市、相模原市などの大きな都市があります。

…鎌倉は、かつて源頼朝によって幕府がひらかれたところです。現在も観光や海水浴などで多くの人々が訪れています。

【発表文C】 尚志くん…「福井県小浜市」

…福井県は日本海側にあって南は京都府や滋賀県に面しています。小浜市には漁港があり、新鮮な魚がたくさん集まっています。

…発電所が付近に多く見られ、かつては電気機械の大規模な工場も立地していました。

---

(1) 3人が調べた各県を流れる次のア〜エの河川のうち、河口がもっとも北にあるものを1つ選び、記号で答えなさい。（　　　）

ア．九頭竜川（福井県）　　イ．千曲川（長野県）

ウ．天竜川（長野県）　　エ．相模川（神奈川県）

(2) 次の【グラフ】a〜cは、3人が調べた各県にある「福井」「横浜」「松本」の雨温図です。それぞれの雨温図と都市の組み合わせとして正しいものを右のア〜カから1つ選び、記号で答えなさい。（　　　）

	a	b	c
ア	福井	横浜	松本
イ	福井	松本	横浜
ウ	横浜	松本	福井
エ	横浜	福井	松本
オ	松本	福井	横浜
カ	松本	横浜	福井

【グラフ】

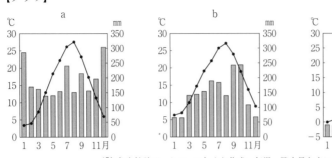

（『気象庁統計データベース』より作成。気温・降水量ともに1991～2020年の平年値。）

(3) 【発表文A】に関して，次の各問いに答えなさい。

① 長野県は，くだものをはじめとした農産物の生産がさかんなところです。右の【表1】は4つの作物について，収穫量（しゅうかくりょう）が上位（1～3位）の県をまとめたものです。（A）と（B）の空欄（くうらん）にあてはまる県の組み合わせとして正しいものを次のア～エから1つ選び，記号で答えなさい。（　　　）

【表1】

	うめ	りんご	レモン	もも
1位	（A）	青森	広島	山梨
2位	群馬	（B）	愛媛	福島
3位	三重	岩手	（A）	（B）

（『県勢2020』より）

ア．A—長野　　B—和歌山　　イ．A—和歌山　　B—岡山　　ウ．A—岡山　　B—長野

エ．A—和歌山　　B—長野

② 右の【写真い】は，登美子さんが安曇野市の「沢わさび」の栽培（さ）（さつえい）のようすを撮影したものです。登美子さんは，この写真に関連した【説明文1】をつくりました。空欄（　　）にあてはまる語として最も適切なものを下のア～エから1つ選び，記号で答えなさい。

（　　　）

【写真い】

【説明文1】

この写真にあるような「わさび」の栽培は，きれいな水の流れるところでみられるものです。安曇野のわさび栽培は，周辺の（　　）山脈からの水を利用しています。

ア．讃岐　　イ．奥羽　　ウ．日高　　エ．飛騨

(4) 【発表文B】に関して，次の各問いに答えなさい。

① 鎌倉市の西にある江の島（神奈川県藤沢市）（え）（しま）（ふじさわ）は，沿岸の海の流れによって砂が積み重なり，陸地とつながった「陸けい島」とよばれる地形がみられます。同じように海の流れで運ばれた砂が積み重なってできた地形を次のア～エから1つ選び，記号で答えなさい。（　　　）

ア．天橋立（京都府）（あまのはしだて）　　イ．関西空港島（大阪府）　　ウ．三陸海岸（岩手県・宮城県）

エ．洞爺湖（北海道）（とうやこ）

② 鎌倉市を旅行した仁智くんは，鎌倉駅から藤沢駅を結ぶ「江ノ島電鉄」に乗って，2つの駅に途中下車しました。右の【写真X】と【写真Y】はそのときに撮影したものです。それぞれの写真について説明した各文の正誤の組み合わせを下のア～エから選び，記号で答えなさい。

（　　　　）

【写真X】

【写真Y】

X 【写真X】のような標識は，地震の発生にともなう津波や，台風による高潮を警戒するためにつくられたもので，各地の海岸に多くみられます。

Y 【写真Y】は「鎌倉大仏」です。東大寺の大仏をまねて奈良時代に作られたもので，当時さかんであった禅宗の影響がみられます。

ア．X—正しい　　Y—正しい　　イ．X—正しい　　Y—誤り

ウ．X—誤り　　Y—正しい　　エ．X—誤り　　Y—誤り

③ 神奈川県は京浜工業地帯を含む工業のさかんな地域です。次の【表2】は神奈川県を含む関東地方の7都県の工業生産についての統計です。このうち，aにあてはまる都県名を漢字で答えなさい。（「都」・「県」はつけなくともよい）（　　　　）

【表2】

	製造品出荷額等(億円)	おもな内容《上位3位①～③の品目等と割合(%)》		
茨城	123,377	①化学 13.0	②食料品 12.0	③生産用機械 10.4
栃木	92,793	①輸送用機械 16.6	②電気機械 10.5	③飲料・飼料 10.0
a	90,985	①輸送用機械 40.4	②食料品 9.2	③化学 7.1
埼玉	137,066	①輸送用機械 18.4	②食料品 13.8	③化学 12.4
b	121,895	①石油・石炭製品 20.8	②化学 19.1	③鉄鋼 13.8
c	79,116	①輸送用機械 20.1	②印刷 10.3	③電気機械 9.6
神奈川	180,845	①輸送用機械 22.7	②石油・石炭製品 12.5	③化学 10.7

（『県勢 2020』より。原統計は経済産業省「2018年工業統計表」の2017年実績による。）

④ 神奈川県にある横浜港は，昔から貿易のさかんな港でした。次の【表3】のア～エは「横浜港」のほか「成田国際空港」「名古屋港」「神戸港」のいずれかです。このうち，「神戸港」にあてはまるものを1つ選び，記号で答えなさい。（　　　　）

【表3】

	輸出額の合計(百万円)	おもな輸出品目《上位3位①～③の品目等と割合(%)》		
ア	6,946,128	①自動車 19.6	②自動車部品 4.5	③内燃機関 4.5
イ	10,525,596	①半導体等製造装置 8.1	②科学光学機器 6.2	③金（非貨幣用）5.7
ウ	12,306,759	①自動車 26.3	②自動車部品 16.7	③内燃機関 4.3
エ	5,557,149	①プラスチック 6.3	②建設・鉱山用機械 5.6	③内燃機関 3.3

（『日本国勢図会 2020／21』より。原統計は財務省「貿易統計」の2019年実績による。）

(5) 【発表文C】に関して，次の各問いに答えなさい。

① 小浜市など福井県の各都市の港には，日本海の豊富な魚介類をもとめて現在でも多くの人が集まっています。小浜市について尚志くんがつくった次の【説明文2】の空欄（　）にあてはまる語を下のア～エから1つ選び，記号で答えなさい。ただし，（　）には同じ語が入ります。

（　　　）

【説明文2】

昔は，都がおかれた京都へ向かって多くの海産物が運ばれており，小浜から京都へのルートもその一つでした。塩で保存されていた（　）が，「（　）街道」と呼ばれていたこのルートで運ばれ，京都で食されていました。

ア．鯖（さば）　　イ．鰹（かつお）　　ウ．雲丹（うに）　　エ．帆立（ほたて）

② 右の【写真ろ】は①の【説明文2】にある「（　）街道」沿いにある「熊川」（福井県若狭町）の現在のようすです。この写真について尚志くんがつくった次の【説明文3】の空欄（　）にあてはまる語を**漢字2字**で答えなさい。□□

【写真ろ】

【説明文3】

この写真は江戸時代に使用されていた「熊川番所」です。当時の熊川では，徒歩や馬を使って行き来する人々が泊まったり休んだりするための設備が整えられていました。江戸時代に，東海道や中山道に沿う形で整備された，このような町を（　）町といいます。

---

③ 尚志くんは，右の【写真は】の説明として，次の【説明文4】をつくりました。空欄（ C ）・（ D ）にあてはまる語の正しい組み合わせを，下のア～エから1つ選び，記号で答えなさい。（　　　）

【写真は】

【説明文4】

この写真は（ C ）にある若狭神宮寺です。ここでは東大寺二月堂でおこなわれる「お水取り」（修二会）で汲まれる水をおくるとされる「お水送り」の神事が行われ，このことが縁で奈良市と小浜は姉妹都市の協定を結んでいます。「お水取り」が終われば奈良には（ D ）が訪れるとの言い伝えがあります。

ア．C―奈良市　　D―春　　イ．C―小浜市　　D―春　　ウ．C―奈良市　　D―秋
エ．C―小浜市　　D―秋

④ 尚志くんは，次の【グラフ】を参考に，奈良県と福井県を比較した下の【表4】をつくりました。【表4】の空欄（ E ）・（ F ）にあてはまる語の組み合わせとして正しいものを，右のア～エから1つ選び，記号で答えなさい。（　　　）

	E	F
ア	奈良	d
イ	奈良	f
ウ	福井	d
エ	福井	f

【グラフ】観光入込客数の変化

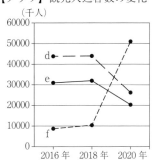

※観光入込客数とは，県内・県外および外国人の県内各施設への訪問客数（のべ数）をあらわしたもの

（観光庁「観光統計」を参考に作成）

【表4】

	日本一の生産量の品目等	観光入込客数の変化
（ E ）県	漆器製台所用品・眼鏡枠・原子力発電量	上の【グラフ】のe
（　）県	割りばし・ソックス・グローブ	上の【グラフ】の（ F ）

（日本一の生産量の品目等は経済産業省「工業統計」，『県勢2020』，各種ウェブデータによる。）

(6) 発表の準備をすすめる3人に，行力先生から「3人が調べた各市のある，長野県・神奈川県・福井県を比較できるような情報があれば，興味をひく発表ができるのではないか」とアドバイスがあり，みんなで次の【表5】を作成しました。【表5】のア～ウのうち，福井県にあてはまるものを選び，記号で答えなさい。（　　　）

【表5】

	ア	イ	ウ
宿泊施設のある温泉地の数（2017）	215	36	39
新幹線の駅の数（2022）	5	2	0
65歳以上の人口の割合（2018推計）	31.5％	25.1％	30.2％

（『県勢2020』その他より）

(7) 登美子さんは，ニュースで取り上げられた海外の国々のことも調べてみました。次の【表6】のア～エは，「ウクライナ」「イギリス」「中国」「ロシア」のいずれかです。このうち「イギリス」にあてはまるものを1つ選び，記号で答えなさい。（　　　）

【表6】

	国土の面積（千km²）	首都所在地の緯度	日本への輸出総額（千円）と《おもな品目》
ア	604	北緯50度	77,371,664 《鉱石・たばこ・アルミニウムなど》
イ	17,098	北緯55度	1,560,635,678 《原油・液化天然ガス・石炭など》
ウ	9,600	北緯39度	18,453,731,118 《機械類・衣類・金属製品など》
エ	242	北緯51度	887,574,004 《機械類・医薬品・自動車など》

（輸出総額は『財務省貿易統計』（統計年次は2019年）。

その他数値・品目は『日本国勢図会2020／21』，『世界国勢図会2020／21』，外務省ウェブサイトほかによる。）

2 ≪各地の様子≫　次の各文を読んで，文中の (1) ～ (14) について，後の同番号の各問いに答えなさい。

（東大寺学園中）

日本各地を(1)自動車で旅行していると，(2)一般国道や地方主要道路沿いに「道の駅」をよくみかけるようになった。24 時間利用できる駐車場やトイレだけでなく，道路や観光，緊急医療の情報提供施設，さらに地域振興施設等を備えることが要件となっており，(3)市町村などが設置し，その申請を受けて国土交通省が登録している。この制度が(4)1993年に始まって以降，全国の「道の駅」は毎年増え続け，昨年 8 月には 1198 か所に達した。都道府県別にみると，もっとも多いのは(5)北海道の 127 か所，次いで(6)岐阜県・長野県の 56 か所・52 か所である。少ない方では，(7)東京都の 1 か所と(8)神奈川県の 4 か所が目立っており，(9)大阪府・沖縄県・佐賀県が 10 か所で並んでいる。

(1)　これについて，次の各問いに答えなさい。

①　自動車について述べた文として**誤っているもの**を次のア～エから選んで，その記号を書きなさい。（　　　）

ア　両足が不自由な人が運転できるように，ブレーキやアクセルを手で操作するための装置が実用化されている。

イ　歩行者への衝突を避けるためブレーキを自動的に作動させる装置など，さまざまな運転支援技術が実用化されている。

ウ　電気自動車は，バッテリーにたくわえた電気で走行するので，ガソリンタンクやエンジンを搭載する必要がない。

エ　燃料電池自動車は，搭載したタンクのなかの酸素と空気中の水素から電気をつくり，走行するしくみをもっている。

②　次の図は，アメリカ・中国・日本について，自動車の国内生産台数と国内販売台数の変化をあらわしたものです。アメリカと中国にあてはまるものをア～ウからそれぞれ選んで，**アメリカ→中国の順**にその記号を書きなさい。（　　　→　　　）

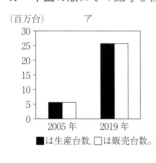
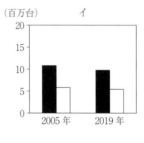
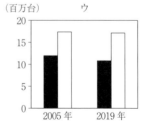

■は生産台数，□は販売台数。

（日本国勢図会などより作成）

(2)　このうち国道 17 号線と 18 号線を利用すると，東京都心から群馬県中南部，長野県北部を経て新潟県南西部に至ります。次の図は，この経路の近くに位置する東京都千代田区・群馬県前橋市・長野県長野市・新潟県上越市について，月別降水量をあらわしたものです。前橋市にあてはまるものをア～エから選んで，その記号を書きなさい。（　　　）

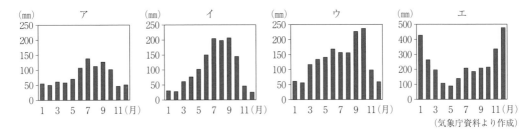

（気象庁資料より作成）

(3) これに関して，次の図は，小売業商品販売額（2015年）・製造品出荷額（2019年）・農業産出額（2020年）について，中国・四国地方の上位10市町村をあらわしたものです。小売業商品販売額と製造品出荷額にあてはまるものをア～ウからそれぞれ選んで，**小売業商品販売額→製造品出荷額**の順にその記号を書きなさい。（　　　→　　　）

□は1～5位，●は6～10位。

（経済産業省資料・農林水産省資料より作成）

(4) この年にヨーロッパ連合（EU）が発足しました。この組織の現在の加盟国としてあてはまらないものを次のア～エから選んで，その記号を書きなさい。（　　　）

ア　イギリス　　イ　イタリア　　ウ　スペイン　　エ　ポーランド

(5) この地域の森林と林業について述べた次の文中の __a__ ～ __c__ の正誤の組み合わせとして正しいものを後のア～カから選んで，その記号を書きなさい。（　　　）

　林野庁資料（2017年）によると，北海道の森林面積は約554万ヘクタールもあり，これは全国の森林面積の<u>a 2割をこえる</u>広さである。森林を天然林と人工林に分けてみたときの天然林の割合は，全国の<u>b 約3割</u>に対し，北海道は約7割となっており，天然林の割合が高いことが特徴である。ただし木材生産は，<u>c トドマツ・ミズナラ・ブナといった針葉樹の人工林</u>が中心となっており，パルプ用・製材用・合板用などとして出荷されている。

	ア	イ	ウ	エ	オ	カ
a	正	正	正	誤	誤	誤
b	正	誤	誤	正	正	誤
c	誤	正	誤	正	誤	正

(6)　これについて，右の図は，岐阜県・長野県に加えて，隣
　　接する滋賀県と山梨県の範囲をあらわしたものです。図中
　　のa〜h地点について述べた文として正しいものを次のア
　　〜エから選んで，その記号を書きなさい。なお流域とは，
　　ある河川の河口に着目したときに，そこに集まる河川水の
　　もとになる降水がもたらされる範囲のことです。（　　　）

　　ア　a地点とb地点は，どちらも淀川の流域である。

　　イ　c地点とd地点は，どちらも信濃川の流域である。

　　ウ　e地点とf地点は，どちらも木曽川の流域である。

　　エ　g地点とh地点は，どちらも富士川の流域である。

(7)　ここへは，国内からだけでなく，世界各地からもさまざまな農産物が集まってきます。次の図
　　は，かぼちゃ・なす・レタス・切り花のキク類について，東京都中央卸売市場における月別取り
　　扱い量をおおまかな産地に分けてあらわしたものです。レタスにあてはまるものをア〜エから選
　　んで，その記号を書きなさい。（　　　）

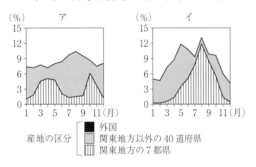

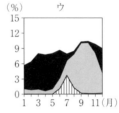

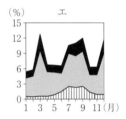

統計年次は2019年。一年間の総取り扱い量を100としている。
（東京都中央卸売市場資料より作成）

(8)　この県は，製造品出荷額において愛知県・大阪府・静岡県などとともに全国の上位にあります。
　　次の図は，鉄鋼業と輸送用機器器具製造業の出荷額について，神奈川県・愛知県・大阪府・静岡
　　県の全国にしめる割合の推移をあらわしたものです。神奈川県にあてはまるものを図中のア〜エ
　　から選んで，その記号を書きなさい。（　　　）

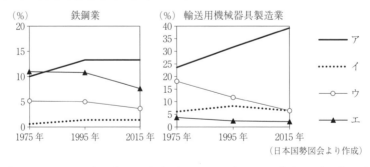

（日本国勢図会より作成）

(9)　これら3府県について，次の表は，火力発電・原子力発電・水力発電・太陽光発電による発電
　　電力量（百万kWh）をあらわしたものです。太陽光発電にあてはまるものを表中のア〜エから選
　　んで，その記号を書きなさい。（　　　）

	ア	イ	ウ	エ	その他	計
大阪府	26,855	156	1	—	—	27,012
沖縄県	7,485	17	—	—	35	7,537
佐賀県	199	103	538	15,631	37	16,508

統計年次は 2020 年度。—は，まったくないことを示す。

（データでみる県勢 2022 年版より作成）

「道の駅」とはいうものの，なかには(10)鉄道の駅や(11)空港施設と一体化しているものもある。交通機関相互の連携を通じて，利用者の利便性向上をはかったものであろうか。また，地域振興施設等として，農村の場合は米・野菜・果実・(12)畜産物の直売所，漁港近くの場合は(13)水産物の直売所を設けるところが多いなか，それだけにとどまらず，たとえば(14)温泉入浴施設や伝統工芸品の製作体験施設を備えたりするなど，地域の特色をいかす工夫が各地で見受けられる。

(10) これについて，右の図は，九州地方の 3 つの県における，おもな鉄道の駅の位置をあらわしたものです。図中の ○ は，その県内でもっとも人口の多い都市の中心駅，● は同じ県内で 2 番目に人口の多い都市の中心駅を示しています。新幹線を使わず JR の在来線を使って，各県内を●から ○ へ移動することを考えてみましょう。次の表は，3 つの県の●における列車の発車時刻をあらわしたものであり，乗り継ぎなしで同一県内の ○ まで在来線で到達できる便のみを示しています。図中の a と b における発車時刻表にあてはまるものを次のア～ウからそれぞれ選んで，**a→b** の順にその記号を書きなさい。（　　→　　）

時	ア 分	イ 分	ウ 分
4	51		
5	09 20 38 46 [58]	44	08 58
6	00 [13] 17 23 30 34 [50] 53 57	29 56	15 39 48 59
7	01 [07] 17 21 [32] 34 [40] 45 57	[11] 26	12 26
8	[10] 13 25 36 40 [45] 48 55 59		02 23 46
9	13 [19] 22 [39] 43	[07] 29	11 29
10	[05] 16 22 [41] 44	[08] 41	05 25
11	[05] 16 22 [41] 44	[22] 37	02 36

2022 年 8 月の平日午前中の発車時刻。□は在来線の特急列車。

（JR 九州ウェブサイトより作成）

(11) これについて，次の表は，成田国際空港のおもな貿易品目（2018 年）をあらわしたものです。表中の（ あ ）～（ う ）にあてはまる品目の組み合わせとして正しいものを後のア～カから選んで，その記号を書きなさい。（　　　）

おもな輸出品目	
（　あ　）	7.4
（　い　）	7.0
科学光学機器	6.2
金	5.2
電気回路等の機器	4.3

おもな輸入品目	
通信機	14.0
（　う　）	11.6
（　あ　）	10.3
事務用機器	8.7
科学光学機器	6.3

数値は，輸出または輸入総額に対する割合（％）。

（東京税関資料より作成）

	ア	イ	ウ	エ	オ	カ
（　あ　）	医薬品	医薬品	半導体等製造装置	半導体等製造装置	半導体等電子部品	半導体等電子部品
（　い　）	半導体等製造装置	半導体等電子部品	医薬品	半導体等電子部品	医薬品	半導体等製造装置
（　う　）	半導体等電子部品	半導体等製造装置	半導体等電子部品	医薬品	半導体等製造装置	医薬品

⑿　これについて，スーパーマーケットなどで売られている牛肉には，法律にもとづき，10桁（けた）の数字がパックの表面などに記されていることがあります。この数字ともっとも関係の深いことがらを次のア～エから選んで，その記号を書きなさい。（　　　）

ア　消費期限　　イ　地産地消　　ウ　トレーサビリティー　　エ　フェアトレード

⒀　これについて，次の図は，イワシ（マイワシ）・サンマ・タイ（マダイ）・ブリ類について，養殖業収獲量および漁業漁獲量の推移をあらわしたものです。タイにあてはまるものをア～エから選んで，その記号を書きなさい。（　　　）

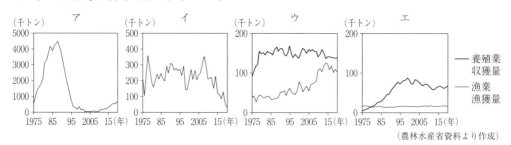

（農林水産省資料より作成）

⒁　これには火山との関係が深いものもあります。日本にはたくさんの火山があり，気象庁は，そのうち111を活火山としています。東北地方南部における活火山の例としてあてはまらないものを右の図中のア～エから選んで，その記号を書きなさい。（　　　）

3 ≪最新の入試問題から≫　次の各文は、「未来につなぐ街づくり」をテーマにクラスで話し合い、その中のいくつかの意見をまとめたものです。これを読んで、あとの各問いに答えなさい。　（清風中）

　山地や森林、川、湖などの生態系を守り、回復させることにより、現在の①農業や漁業を持続していくことが可能になります。

---

　②水害などの災害によって、命を失う人や被害を受ける人の数を大きく減らすことができる街づくりが必要です。

　地球温暖化に対して、乗用車やトラックではなく、鉄道や③船などの④二酸化炭素排出量の少ない交通手段を利用した輸送を考えるべきです。

問1　下線部①に関連して、次の表は、各地域別の農業産出額の割合を表したもので、表中のア〜エは、米・野菜・乳用牛・肉用牛のいずれかを表しています。野菜にあてはまるものを、ア〜エから一つ選び、記号で答えなさい。（　　　　）

（単位：％）

	ア	イ	ウ	エ	その他
北海道（北海道）	39.3	16.9	9.5	7.6	26.7
北陸（新潟・富山・石川・福井）	2.5	13.4	60.4	1.6	22.1
関東・東山（茨城・栃木・群馬・埼玉・千葉・東京・神奈川・山梨・長野）	7.3	35.8	15.3	3.7	37.9
九州（福岡・佐賀・長崎・熊本・大分・宮崎・鹿児島）	4.6	24.9	9.2	16.3	45.0

統計年次は2020年。

『日本国勢図会 2022／23』により作成。

問2　下線部②に関連して、次のA〜Cの図は、近畿地方中南部の土砂災害、津波、地震のいずれかの自然災害伝承碑の分布を表しており、図中の⬛はその位置を表しています。A〜Cと自然災害との組み合わせとして正しいものを、あとのア〜カから一つ選び、記号で答えなさい。（　　　　）

A

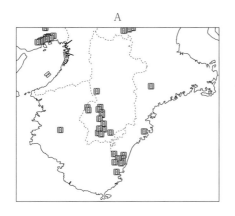

B

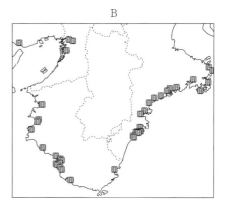

C

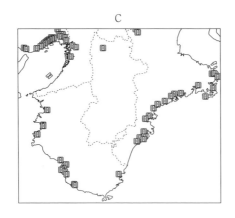

地理院地図により作成。

	ア	イ	ウ	エ	オ	カ
A	土砂災害	土砂災害	津波	津波	地震	地震
B	津波	地震	土砂災害	地震	土砂災害	津波
C	地震	津波	地震	土砂災害	津波	土砂災害

問3　下線部③に関連して，次の図は，日本のおもな港における貿易額を表したものです。図中の A・B は東京港・横浜港，X・Y は輸出・輸入のいずれかを表しています。A と X にあてはまるものの組み合わせとして正しいものを，あとのア〜エから一つ選び，記号で答えなさい。

（　　　）

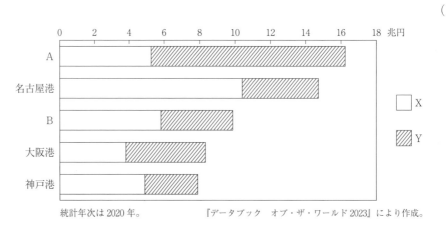

統計年次は 2020 年。　　　　　　　　　　『データブック　オブ・ザ・ワールド 2023』により作成。

ア　A―東京港　　X―輸出　　イ　A―東京港　　X―輸入　　ウ　A―横浜港　　X―輸出
エ　A―横浜港　　X―輸入

問4　下線部④に関連して，特に貨物輸送において，トラックなどの自動車から，環境にかかる負荷がより少ない船や鉄道といった輸送手段に変えていくことを何といいますか。**カタカナ7字**で答えなさい。□□□□□□□

6 古代～武士の世の中

1 《古代》 次の文章に登場する遺跡や古墳は，縄文時代，弥生時代，古墳時代のいずれかの時代と深く関係しています。よく読んで，あとの問いに答えなさい。 (神戸女学院中)

● (1) の登呂遺跡は，1943年，戦闘機のプロペラをつくる工場を建てる時に偶然発見されました。この遺跡の詳しい発掘調査は1947年に始められました。

● 邪馬台国があった場所については，九州地方とする説と近畿地方とする説があり，それぞれ (2) の①吉野ヶ里遺跡や (3) の纏向遺跡などが注目されています。中国の歴史書によると，(4) が治めていた邪馬台国は【 A 】ほどのくにを従えていたとされています。

● (5) の藤ノ木古墳は，法隆寺の近くにある円墳です。金銅製の冠やくつなどが見つかっています。

● (6) の②三内丸山遺跡からは，大規模な集落のあとが見つかっています。そこでは，今から約【 B 】年前から約1500年間にわたって人々が暮らしていたと考えられています。

● 熊本県の (7) 古墳と埼玉県の (8) 古墳からは，「ワカタケル大王」の名前が刻まれた刀剣が見つかっています。

問1 (1)～(8)に入る最も適当な語句を答えなさい。ただし，以下の注意にしたがうこと。

1 (　　) 2 (　　) 3 (　　) 4 □□ 5 (　　) 6 (　　) 7 (　　)
8 (　　)

〈注意〉

＊都道府県については「都」「道」「府」「県」まで答えること。

＊(1)～(3)は都道府県を漢字で答えなさい。

＊(4)は解答欄にしたがって人名を漢字で答えなさい。

＊(5)，(6)は都道府県を漢字で答えなさい。

＊(7)，(8)は解答欄にしたがって古墳の名前を漢字で答えなさい。

問2 【 A 】に入る数字はどれですか。最も適当なものを次のア～エのうちから選び，記号で答えなさい。(　　)

ア．30　イ．100　ウ．300　エ．1000

問3 【 B 】に入る数字はどれですか。最も適当なものを次のア～エのうちから選び，記号で答えなさい。(　　)

ア．2500　イ．5500　ウ．10000　エ．12000

問4 下線部①について，吉野ヶ里遺跡に関する説明として適当でないものを次のア～エのうちから1つ選び，記号で答えなさい。(　　)

ア．中国製の貨幣が出土している。

イ．集落のまわりに深い堀をめぐらせている。

ウ．かめ棺におさめられた人骨が出土している。

エ．世界文化遺産に登録されている。

問5　下線部②に関する説明として適当でないものを次のア～エのうちから1つ選び，記号で答えなさい。（　　　）

ア．地面を掘って数本の柱を立て，その上に屋根をかけてつくられた竪穴住居に住んでいた。

イ．ノウサギなどの動物やタイなどの魚をとったり，クリを栽培したりなどして食べ物を手に入れていた。

ウ．銅鐸が多く出土していることから，銅鐸を用いてうらないやまじないを行っていたと考えられている。

エ．三内丸山遺跡ではとれない黒曜石などの加工品が出土していることから，遠方と交流していたと考えられている。

2　≪古代～中世≫　次のA～Cの図に関するそれぞれの説明文を読んで，あとの問いに答えなさい。

（同志社国際中）

A

（『小学社会6年上』日本文教出版）

B

（『新しい社会6上』東京書籍）

C

（「東京国立博物館ホームページ https://www.tnm.jp」）

　Aの図は，①7世紀末～8世紀初めにつくられたとされる古墳のかべにえがかれた女性である。女性たちの服装からは，②中国や朝鮮との深いつながりが感じられる。この古墳がつくられたのは，③中国にならって本格的な都がつくられ，④国を治めるための法律がつくられた時期である。

問1　下線部①について。このころになると，豪族たちの力をしめすものとして，古墳にかわって何がつくられるようになっていきましたか。漢字1字で答えなさい。（　　　）

問2　下線部②について。7世紀末までの中国や朝鮮とのかかわりについてのべた，次の(ア)～(エ)の文を古い順に並べかえなさい。（　　→　　→　　→　　）

(ア) 小野妹子が遣隋使として送られる。　　　(イ) 渡来人によって漢字が伝わる。

(ウ) 中国の貨幣にならって富本銭がつくられる。　　(エ) 大陸から稲作や青銅器が伝わる。

問3　下線部③の都は持統天皇の時に完成しました。この都を次の(ア)～(エ)から1つ選んで，記号で答えなさい。（　　）

(ア) 平城京　　(イ) 藤原京　　(ウ) 平安京　　(エ) 恭仁京

問4　下線部④について。

(1) 8世紀に入って完成した，「法律」をあらわす語句を漢字2字で答えなさい。（　　　）

(2) (1)では，税のしくみについても定められました。そのなかで，地方の特産物を都に納めたものを何といいますか。漢字1字で答えなさい。（　　　）

問5　朝廷に税を納めるときの荷札として使われ，納められた品物や品物の産地が書かれたものを漢字2字で答えなさい。（　　　）

　Bの図は，紫式部が書いた『源氏物語』の場面の一つを絵にしたものである。9世紀の終わりには，菅原道真の意見もあって，（　あ　）がとりやめになり，日本では中国の文化をもとにした新しい文化が生まれた。紫式部は，⑤藤原道長のむすめに仕え，漢字をもとにしてつくられた（　い　）文字を使って『源氏物語』を書いた。

問6　文中の（　あ　）と（　い　）にあてはまる語句を答えなさい。あ（　　　）い（　　　）

問7　下線部⑤について。

(1) この人物の先祖にあたり，藤原姓を受けた人物を，次の(ア)～(エ)から1つ選んで，記号で答えなさい。（　　）

(ア) 中臣鎌足　　(イ) 中大兄皇子　　(ウ) 山上憶良　　(エ) 聖徳太子

(2) 下線部⑤の人物は，どのようにして大きな力をもつようになりましたか。「天皇」という言葉を使って説明しなさい。

（　　　　　　　　　　　　　　　　　　　　　　　　　　）

問8　このころに生まれた技法によってえがかれたBのような絵画を何といいますか。答えなさい。

（　　　　　　）

　Cの図は，田楽のようすをえがいたものであり，集団で田植えをしている男女がえがかれている。田楽やこっけいなおどりをする猿楽は，⑥14世紀には能や狂言へと発展していった。

問9　14世紀から15世紀の農業の特徴として適切な文を次の(ア)～(エ)から2つ選んで，記号で答えなさい。（　　）

(ア) 備中ぐわやとうみなどの農具を使用した。　　(イ) 干したいわしを肥料にした。

(ウ) 牛馬にすきを引かせて土を耕した。　　(エ) 西日本の一部では二毛作が始まった。

問10　下線部⑥について。

(1) 能を大成した観阿弥と世阿弥を保護した人物を次の(ア)～(エ)から1つ選んで，記号で答えなさい。（　　）

(ア) 源頼朝　　(イ) 足利義満　　(ウ) 織田信長　　(エ) 徳川家康

(2) (1)の人物がおこなったことを次の(ア)～(オ)から1つ選んで，記号で答えなさい。（　　　）

　　(ア)　刀狩をおこなって，武士と百姓・町人の身分のちがいをはっきりさせた。

　　(イ)　幕府をたおそうとした朝廷の軍をうち破った。

　　(ウ)　安土にキリスト教の学校を建てることを許した。

　　(エ)　武家諸法度を定め，全国の大名を取りしまった。

　　(オ)　明との国交をひらき，貿易をおこなった。

　(3)　(1)の人物によって政治の中心がおかれた場所を現在の都道府県名で答えなさい。（　　　　）

３　≪近世≫　次の〔A〕・〔B〕の文章を読んで，あとの問いに答えなさい。　　　　　　　（帝塚山中）

〔A〕　江戸時代の日本では，農業技術の進歩や①交通の発達によって産業・商業が発展し，江戸や大阪などの都市が成長しました。特に②大阪は，全国の年貢米や特産物が集まったことで，商業の中心地として栄え，「（　１　）」と呼ばれました。力をもつ商人たちのなかには，③株仲間を結成して自分たちの利益を保護しようとするものもあらわれました。

　都市の住民のなかには，苦しい生活を送っている人々もいました。18世紀後半以降，大きなききんが何度もおこると，人々の生活はますます苦しくなり，都市では④食糧をもとめる人々によって米屋などが襲われました。さらに19世紀になると，「世直し」を求める一揆が増え，大阪では⑤町奉行所の元役人が中心となった反乱もおこりました。

問１　下線部①について，江戸時代の交通の発達を説明した次の文あ・い の正誤の組合せとして正しいものを，あとのア〜エから１つ選びなさい。（　　　　）

　　あ　五街道のうち，江戸から会津にのびる街道は中山道とよばれた。

　　い　日本海側の各地域と大阪をつなぐ東廻り航路が開かれた。

　　　ア　あ―正　　い―正　　イ　あ―正　　い―誤　　ウ　あ―誤　　い―正

　　　エ　あ―誤　　い―誤

問２　下線部②について，大阪はこの後も日本有数の大都市として発展しつづけ，1970年には，ある国際的な催しがおこなわれました。この催しとは何ですか，**漢字５字**で答えなさい。

　　　　　　　　　　　　　　　　　　　　　　　　　　　　　　　　　　　　　（　　　　）

問３　文中の空欄（　１　）に入る語句を**５字**で答えなさい。（　　　　）

問４　下線部③について，幕府による株仲間への対応は，政治の担当者によって異なっていました。このうち，第９代・第10代将軍の頃，株仲間を積極的に承認して営業の独占を許すかわりに税を納めさせることで，幕府の収入を増やそうとした老中は誰ですか，姓名ともに**漢字**で答えなさい。（　　　　）

問５　下線部④について，このことを何といいますか，**５字**で答えなさい。（　　　　）

問６　下線部⑤について，この元役人とは誰ですか，姓名ともに**漢字**で答えなさい。（　　　　）

〔B〕　江戸時代には，力をつけた町人や武士たちの手によって⑥学問が発達しました。幕府は学問所をつくり，朱子学を学ぶことをすすめていましたが，民間では新たな学問もうまれました。その一つが，大陸から⑦仏教や儒教が伝わる前の日本人の考え方を研究しようとする（　２　）です。この学問が広まるなかで，天皇を尊いものとし，現状の政治や社会を批判しようとする人々もあらわれました。

一方，西洋の学問を学ぶ人たちもいました。この学問は，当時の日本が唯一交易を許可していた国の名から（ 3 ）と呼ばれていました。（ 3 ）の学者のなかには，幕府の政治を批判したために⑧処罰を受けた人物もいました。西洋の思想に対する関心は開国後さらに大きくなり，⑨日本の近代化の原動力となりました。

問7　下線部⑥について，江戸時代の学問を説明した次の文あ・いの正誤の組合せとして正しいものを，あとのア〜エから1つ選びなさい。（　　　）

　あ　寺子屋は武士や町人が学ぶための施設で，農民は学ぶことができなかった。

　い　各地の藩は，藩士とその子弟の教育のために藩校をつくった。

　　ア　あ―正　　い―正　　イ　あ―正　　い―誤　　ウ　あ―誤　　い―正

　　エ　あ―誤　　い―誤

問8　下線部⑦について，日本に仏教を正式に伝えたといわれている国として正しいものを，次のア〜エから1つ選びなさい。（　　　）

　　ア　百済　　イ　新羅　　ウ　高句麗　　エ　高麗

問9　文中の空欄（ 2 ）について，次の(1)・(2)の問いに答えなさい。

　(1)　（ 2 ）に入る学問の名を**漢字2字**で答えなさい。（　　　）

　(2)　（ 2 ）を発展させた人物として正しいものを，次のア〜エから1つ選びなさい。（　　　）

　　ア　伊能忠敬　　イ　本居宣長　　ウ　杉田玄白　　エ　井原西鶴

問10　文中の空欄（ 3 ）に入る学問の名を**漢字2字**で答えなさい。（　　　）

問11　下線部⑧について，（ 3 ）の学者に対する幕府の処罰の例として正しいものを，次のア〜エから1つ選びなさい。（　　　）

　　ア　吉田松陰が安政の大獄で処罰された。　　　イ　高野長英が蛮社の獄で処罰された。

　　ウ　幸徳秋水が大逆事件で処罰された。　　　エ　渡辺崋山が桜田門外の変で処罰された。

問12　下線部⑨について，明治政府は近代化をすすめるために，欧米の学者などを「お雇い外国人」として招きました。その例として**誤っている**ものを，次のア〜エから1つ選びなさい。

　　　　　　　　　　　　　　　　　　　　　　　　　　　　　　　　　　　　　（　　　）

　　ア　フェノロサは，日本美術を評価し，岡倉天心とともにその復興に取り組んだ。

　　イ　ナウマンは，日本列島の地質や，日本で発見されたゾウの化石の研究をおこなった。

　　ウ　クラークは，札幌農学校に招かれ，初代教頭となった。

　　エ　モースは，岩宿遺跡を発見し，日本に旧石器時代があったことを証明した。

4　《都と権力闘争》　次の文章を読み，あとの問い（問1〜5）に答えなさい。　　　　（清風南海中）

古代日本においては天皇による遷都の宣言により，天皇が政治を行う場所として都が定められた。(a)聖徳太子が摂政をつとめた推古天皇以降，ほとんどの天皇は飛鳥地方に王宮を設置し，7世紀末には，飛鳥地方の北部に藤原京が完成した。その後，(b)8世紀初めには中国の都長安を模倣した平城京が完成した。(c)平城京において天皇による政治が行われると同時に，勢力を伸ばした藤原氏が台頭した。その後，桓武天皇は平城京で勢力を伸ばした仏教勢力の排除をめざし，平安京へ都をうつした。以後，東京に都をうつすまで，約1000年間，京は都としてあり続けた。

　12世紀後半には，平氏と源氏の影響力が強くなるなか，京においての権力闘争^{とうそう}に武士が介入し，武士の力が大きく認められるようになった。その後に成立した鎌倉幕府は，東国を基盤としていたが，承久の乱や_(d)元寇を背景に勢力を拡大した。14世紀，京都室町に誕生した武家政権は，守護大名による連合政権の性格をもった。大名同士の争いに将軍の後継者争いがからみ合って，京の町を主な戦場とした応仁の乱が起こり，戦国時代の幕開けとなった。この戦国時代において，16世紀半ばに勢力を拡大した人物の一人として_(e)織田信長があげられる。

問1　下線部(a)に関して，この時代を飛鳥時代という。飛鳥時代について述べた次のⅠ・Ⅱの文の正誤を判断し，その組み合わせとして正しいものを，右のア〜エのうちから1つ選び，記号で答えなさい。（　　　）

	ア	イ	ウ	エ
Ⅰ	正	正	誤	誤
Ⅱ	正	誤	正	誤

　Ⅰ　この時代の建物の屋根は草や板を用いて仕上げており，当時，屋根に瓦^{かわら}をのせている建物は存在しなかった。

　Ⅱ　聖徳太子は有力豪族の蘇我氏と協力しながら，天皇中心の政治体制を目指して国家体制を整えていった。

問2　下線部(b)に関して，8世紀初めにつくられた，各地域の自然環境や地名の由来などを記した地理書を何というか，漢字で答えなさい。（　　　）

問3　下線部(c)に関して，平城京・平安京における政治や文化に大きく携^{たずさ}わった人物として，聖武天皇と藤原道長があげられる。聖武天皇と藤原道長について述べた文として正しいものを，次のア〜エのうちから1つ選び，記号で答えなさい。（　　　）

　ア．聖武天皇は政治の安定を願って，たびたび都をうつし，平城京に戻^{もど}ることはなかった。

　イ．聖武天皇は民間で布教していた僧行基の協力を得て，東大寺の大仏をつくらせた。

　ウ．藤原道長は遣唐使として阿倍仲麻呂を派遣し，唐の新しい知識を伝えさせた。

　エ．藤原道長は政治の簡素化をはかるため，貴族が重視していた年中行事を廃止^{はいし}した。

問4　下線部(d)に関して述べた文として正しいものを，次のア〜エのうちから1つ選び，記号で答えなさい。（　　　）

　ア．元軍の襲来前，元の皇帝は日本に従属を求めて，鎌倉幕府に使者を送っていた。

　イ．元軍が襲来した13世紀後半，鎌倉幕府は滅んだ。

　ウ．元軍の襲来後，元は高麗を支配下においた。

　エ．元軍の襲来後，この戦いに参加した全ての御家人に十分な恩賞が与えられた。

問5　下線部(e)に関して述べた次のⅠ・Ⅱの文の正誤を判断し，その組み合わせとして正しいものを，右のア〜エのうちから1つ選び，記号で答えなさい。（　　　）

	ア	イ	ウ	エ
Ⅰ	正	正	誤	誤
Ⅱ	正	誤	正	誤

　Ⅰ　織田信長が自国領土内の文化の発展に力を入れた結果，有田焼^{ありたやき}などのすぐれた焼き物がつくられるようになった。

　Ⅱ　織田信長は桶狭間の戦いで今川義元を破った後，浅井氏，毛利氏，武田氏など有力大名を攻め滅ぼすことに成功した。

5 ≪歴史すごろく≫ 太郎さんは夏休みに，古代から江戸幕府成立までの歴史の流れに沿ったすごろくを作ることにしました。次の完成少し前のすごろくと未完成のマスをみて，あとの問いに答えなさい。

(関大第一中)

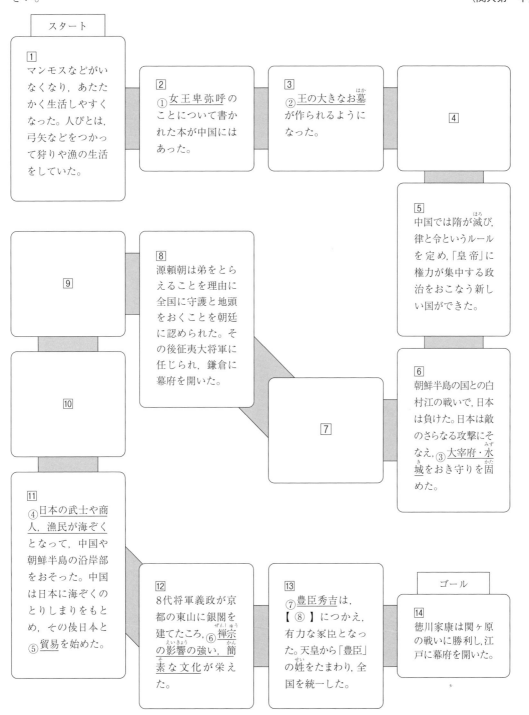

1 マンモスなどがいなくなり，あたたかく生活しやすくなった。人びとは，弓矢などをつかって狩りや漁の生活をしていた。

2 ①女王卑弥呼のことについて書かれた本が中国にはあった。

3 ②王の大きなお墓が作られるようになった。

4

5 中国では隋が滅び，律と令というルールを定め，「皇帝」に権力が集中する政治をおこなう新しい国ができた。

9

8 源頼朝は弟をとらえることを理由に全国に守護と地頭をおくことを朝廷に認められた。その後征夷大将軍に任じられ，鎌倉に幕府を開いた。

7

6 朝鮮半島の国との白村江の戦いで，日本は負けた。日本は敵のさらなる攻撃にそなえ，③大宰府・水城をおき守りを固めた。

10

11 ④日本の武士や商人，漁民が海ぞくとなって，中国や朝鮮半島の沿岸部をおそった。中国は日本に海ぞくのとりしまりをもとめ，その後日本と⑤貿易を始めた。

12 8代将軍義政が京都の東山に銀閣を建てたころ，⑥禅宗の影響の強い，簡素な文化が栄えた。

13 ⑦豊臣秀吉は，【⑧】につかえ，有力な家臣となった。天皇から「豊臣」の姓をたまわり，全国を統一した。

ゴール

14 徳川家康は関ヶ原の戦いに勝利し，江戸に幕府を開いた。

スタート

- 59

【未完成のマス】

A

北条政子のうったえ

　昔, 頼朝殿が幕府を開いてからの【 ⑨ 】は山よりも高く, 海よりも深いものです。今, 朝廷より幕府をたおせとの命令が出ています。名誉を大事にするなら源氏3代の将軍が残したあとを守りなさい。上皇側につきたいと思う者は申し出なさい。

B

　「遠い国でもわが国のことをおそれてあいさつに来ているというのに, 日本は高麗にも近く, 昔はあいさつに来ていたにもかかわらず…」と, 中国から手紙が送られてきた。

C

　⑩藤原道長は4人の娘を天皇に嫁入りさせて, 3人の天皇の祖父として政治の実権をにぎった。

D

　聖徳太子は⑪おばの摂政となって, 政治を行った。家柄よりも個人の能力を大切にして, 役人の制度と⑫役人の心得を決めた。

問1　1のマスに関連した次の図は, この時代の人びとが1年を通じて食べていたものなど生活のようすを示しています。図中のア～エはそれぞれ春・夏・秋・冬をあらわしています。ア～エのうち, 「秋」をあらわしているのはどれですか。1つ選び, 記号で答えなさい。（　　　　）

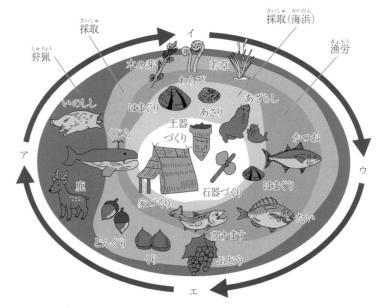

問2　2のマス中の下線部①の人物がおさめていた国はどこですか。国の名前を答えなさい。

（　　　　　　）

問3　3のマス中の下線部②の墓のことを何と言いますか。**漢字2文字**で答えなさい。□□

問4 　6のマス中の下線部③の位置として正しいものを，右の地図
　　　中のア〜エから1つ選び，記号で答えなさい。（　　　　）

問5 　11のマス中の下線部④のことを何と言いますか。答えなさい。
　　　　　　　　　　　　　　　　　　　　　　　　　　（　　　　）

問6 　11のマス中の下線部⑤の貿易では，「勘合」と呼ばれる合い札
　　　が用いられました。この札が用いられた理由として正しいものを，
　　　次のア〜エから1つ選び，記号で答えなさい。（　　　　）

　ア　戦いのときに敵と味方を区別するため
　イ　正式な貿易船とそれ以外の船を区別するため
　ウ　貿易の回数が限られていたため
　エ　言葉が通じなかったため

問7 　12のマス中の下線部⑥の文化に関するものとして**まちがっているもの**を，次のア〜エから1
　　　つ選び，記号で答えなさい。（　　　　）

ア

イ

ウ

エ

問8 　13のマス中の下線部⑦の人物が行った太閤検地に関する説明として，**まちがっているもの**を
　　　次のア〜エから1つ選び，記号で答えなさい。（　　　　）

ア　農民から確実に年貢をとるためにおこなった

イ　ますやものさしを統一した

ウ　全国に役人を派遣しておこなった

エ　この検地は江戸時代の終わりまでひきつがれた

問9　⒀のマス中の空欄【⑧】にあてはまる人物の名前を，漢字で答えなさい。（　　　　　）

問10　未完成のマスＡ中の【⑨】には，鎌倉幕府の将軍と御家人の関係を示す言葉が入ります。将軍が御家人の領地の権利を守ることを示すこの言葉を**2文字**で答えなさい。▢▢

問11　未完成のマスＣ中の下線部⑩の人物がよんだ和歌として正しいものを，次のア〜エから1つ選び，記号で答えなさい。（　　　　）

ア　あおによし　奈良の都は　咲く花の　におうがごとく　いまさかりなり

イ　天の原　ふりさけ見れば　春日なる　三笠の山に　出でし月かも

ウ　この世をば　わが世とぞ思ふ　望月の　かけたることも　なしと思へば

エ　めぐり逢ひて　見しやそれとも　わかぬ間に　雲がくれにし　夜半の月かな

問12　未完成のマスＤ中の下線部⑪の「おば」とは誰のことですか。解答欄にあうように**漢字**で答えなさい。（　　　天皇）

問13　未完成のマスＤ中の下線部⑫の「役人の心得」とは何ですか。答えなさい。（　　　　）

問14　4つの未完成のマスはすごろくの④・⑦・⑨・⑩のいずれかのマスに入ります。未完成のマスＢとＣはそれぞれ④・⑦・⑨・⑩のうちどこのマスにあてはまりますか。④・⑦・⑨・⑩のうちから1つずつ選び，記号で答えなさい。Ｂ（　　　　）　Ｃ（　　　　）

---

⑥　≪近畿地方と歴史≫　あとの問いに答えなさい。　　　　　　　　　　（神戸海星女中）

　近畿地方には世界遺産が6つあります。それらを登録された年代順にみていくと，まず，1993年には法隆寺と姫路城が登録されました。法隆寺は(a)7世紀に聖徳太子によって創建されました。姫路城は(b)室町時代に原型がつくられ，その後，検地や刀狩を行った（　1　）が天守閣を造り，姫路城という名前に変更しました。1600年には，徳川家康の娘婿が（　2　）で手柄を立てたことによって姫路城を与えられました。

　1994年には(c)古都京都の文化財が登録されました。1998年には(d)古都奈良の文化財が，さらに2004年には紀伊山地の霊場が登録されました。ここは，「熊野詣で」とよばれる参詣がさかんに行われた場所で，平安時代には多くの皇族や貴族が訪れました。院政を始めた（　3　）上皇は9回もここを訪れています。

　2019年には，（　4　）で最初の世界遺産となる(e)古代日本の墳墓群である百舌鳥・古市古墳群が登録されました。

問1　（　1　）・（　2　）にあてはまる語句として正しいものの組み合わせを次の中から1つ選び，記号で答えなさい。（　　　　）

ア．（ 1 ）　豊臣秀吉
　　（ 2 ）　大阪の陣

イ．（ 1 ）　豊臣秀吉
　　（ 2 ）　関ヶ原の戦い

ウ．（ 1 ）　織田信長
　　（ 2 ）　大阪の陣

エ．（ 1 ）　織田信長
　　（ 2 ）　関ヶ原の戦い

問2　文中の（ 3 ）にあてはまる上皇の名前を答えなさい。（　　　）

問3　文中の（ 4 ）にあてはまる府県名を答えなさい。（　　　）

問4　下線部(a)について，7世紀から9世紀にかけて遣唐使とよばれる使節団がくり返し海を渡りました。右の表と次の地図はその状況を示したものです。

回	出発年	帰国年	船数	
1	630	632	不明	
2	653	654	2	1せきは遭難
3	654	655	2	
4	659	661	2	1せきは遭難
5	665	667	不明	唐の使いを送る送使
6	667	668	不明	唐に行かず，唐の将軍を送る
7	669	不明	不明	
8	702	704～718	4	
9	717	718	4	
10	733	734～739	4	1せきは行方不明
11	746			中止
12	752	753～754	4	1せきは遭難
13	759	761	1	
14	761			中止
15	762			中止
16	777	778	4	1せきは遭難
17	779	781	2	唐の使いを送る
18	804	805～806	4	1せきは遭難
19	838	839～840	4	1せきは遭難
20	894			（　　　）の意見により中止

「大遣唐使展図録」より作成。

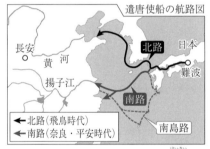

遣唐使船の航路図

長安　黄河　揚子江　北路　日本　難波　南路　南島路

←北路（飛鳥時代）
←南路（奈良・平安時代）

「東京新聞　2021年1月27日」掲載地図

(1)　次の文A～Dのうち，正しいものの組み合わせをア～エの中から選び，記号で答えなさい。
（　　　）

　A．遣唐使船が最も多く派遣されたのは平安時代です。

　B．記録が残る中では，7世紀には1回に2せき派遣されることが多く，8世紀には4せき派遣されることが多くなっています。

　C．8世紀に上の地図中の北路から南路に航路が変更されたのは，朝鮮半島との関係が悪くなったからです。

　D．8世紀に上の地図中の北路から南路に航路が変更されたのは，南路の方が海が穏やかだったからです。

　　ア．AとC　　イ．AとD　　ウ．BとC　　エ．BとD

(2)　表の中の（　　　）にあてはまる人名を答えなさい。（　　　）

問5　下線部(b)について述べた文として**誤っているもの**を次の中から1つ選び，記号で答えなさい。

（　　　）

ア．幕府は中国（明）との国交を開き，貿易を始めました。

イ．雪舟が水墨画を日本風の様式に完成させ，すぐれた作品を数多く生み出しました。

ウ．将軍のあと継ぎ争いや有力な守護大名どうしの対立などが原因となり，応仁の乱が起こりました。

エ．かな文字を使って『源氏物語』や『枕草子』が書かれました。

問6　下線部(c)の一つに平等院鳳凰堂があります。この建物について述べた文A～Dのうち，正しいものの組み合わせをア～エの中から選び，記号で答えなさい。（　　　）

A．この建物は，書院造で造られています。

B．この建物は，現在の十円硬貨にその図柄が描かれています。

C．この建物は，摂関政治の全盛期に建てられました。

D．この建物は，世界最古の木造建築です。

　　ア．AとC　　イ．AとD　　ウ．BとC　　エ．BとD

問7　下線部(d)の一つである右の写真の寺院名を答えなさい。（　　　）

問8　下線部(e)について述べた文A～Dのうち，正しいものの組み合わせをア～エの中から選び，記号で答えなさい。（　　　）

A．日本最大の前方後円墳は大仙古墳です。

B．前方後円墳がつくられたのは近畿地方だけでした。

C．熊本県や埼玉県の古墳から大和朝廷の王の名前がきざまれた刀剣が見つかっています。

D．古墳は九州北部からつくられ始め，各地に広がっていきました。

　　ア．AとC　　イ．AとD　　ウ．BとC　　エ．BとD

7　≪最新の入試問題から≫　次の文章を読み，後の問いに答えなさい。　　　　　（明星中）

　これまでの日本は「ものづくり大国」と呼ばれ，世界の製造業をリードする存在として注目されていましたが，さまざまな問題を抱えるようになった昨今では，その立場に危機が訪れていると言われています。ここでは，日本のものづくりの原点を見直してみたいと思います。

　(a)縄文時代，人々は竪穴住居に住んで，縄文土器を用いる生活を送っており，狩猟・採集生活を営んでいました。弥生時代になると，弥生土器が使われたほかに(b)稲作が始まったため，それに関連する道具も開発されるようになりました。またこの頃より(c)進んだ技術や知識を持つ人たちが大陸から移り住むようになり，建築や土木工事，焼き物，養蚕の技術や織物などが日本各地に伝えられました。特に製鉄技術は，日本刀の製造につながる「たたら製鉄」に発展し，また，彼らによって伝えられた(d)漢字や仏教はその後の日本の文化に多大な影響を与えました。

　3～7世紀頃は(e)古墳時代と呼ばれ，各地で勢力を広げた王や豪族の墓である古墳がつくられました。古墳からは副葬品のほか，(f)古墳の周りにたくさん立て並べられたものが多く出土してい

ます。飛鳥・奈良時代になると聖徳太子によって遣隋使が，そのあと引き続き遣唐使が派遣され，(g)都市づくりの知識や進んだ制度がもたらされました。

(h)8世紀中頃，都では伝染病が広がり，地方でもききんや貴族の争いが起こって世の中が混乱してきたので，聖武天皇は仏教の力を借りて人々の不安をしずめ，国を守ろうと考えました。そこで，天皇は都に東大寺を建て，(i)大仏をつくることにしました。大仏づくりには(j)行基という僧侶に協力をはたらきかけました。また，東大寺には正倉院があり，遣唐使が持ち帰った文物の一部が宝物として収められています。

問1．下線部(a)の時代と最も関係が深い青森県にある遺跡を，次のア～エから1つ選びなさい。

（　　）

　ア．唐古・鍵遺跡　　イ．吉野ヶ里遺跡　　ウ．板付遺跡　　エ．三内丸山遺跡

問2．下線部(b)にあてはまらないものを，次のア～エから1つ選びなさい。（　　）

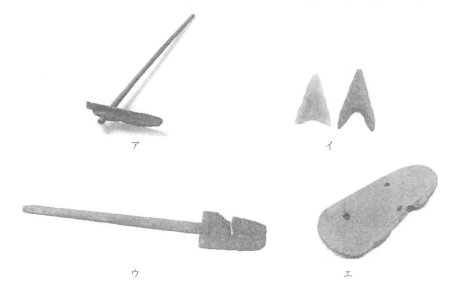

問3．下線部(c)のような人々を何といいますか。（　　）

問4．下線部(d)に関して述べた文として正しいものを，次のア～エから1つ選びなさい。（　　）

　ア．漢字も仏教も5世紀に伝来した。

　イ．漢字も仏教も6世紀に伝来した。

　ウ．漢字は5世紀に，仏教は6世紀に伝来した。

　エ．漢字は6世紀に，仏教は5世紀に伝来した。

問5．下線部(e)に関して述べた次の文X・Yの正誤の組み合わせとして正しいものを，後のア～エから1つ選びなさい。（　　）

　X．古墳は九州でつくられはじめ，しだいに瀬戸内海沿岸そして近畿地方に広がっていった。

　Y．各地の人々の生活の様子や地域の自然などを記した「風土記」がつくられた。

　　ア．X―正　　　Y―正　　　イ．X―正　　　Y―誤　　　ウ．X―誤　　　Y―正

　　エ．X―誤　　　Y―誤

問6．下線部(f)にあてはまらないものを，次のア～エから1つ選びなさい。（　　）

| ア | イ | ウ | エ |

問7．下線部(g)について，中国にならった都市づくりの知識で整備された都として，最も早くつくられたものを，次のア～エから1つ選びなさい。（　　　　）

　　ア．藤原京　　イ．長岡京　　ウ．恭仁京　　エ．紫香楽宮

問8．下線部(h)について，8世紀に行われた出来事を述べた文Ⅰ～Ⅲを古い順に正しく並べた組み合わせを，後のア～カから1つ選びなさい。（　　　　）

　　Ⅰ．日本書紀が編さんされた。　　　Ⅱ．平城京に遷都された。

　　Ⅲ．国分寺を建てる命令が出された。

　　　ア．Ⅰ－Ⅱ－Ⅲ　　　イ．Ⅰ－Ⅲ－Ⅱ　　　ウ．Ⅱ－Ⅰ－Ⅲ　　　エ．Ⅱ－Ⅲ－Ⅰ

　　　オ．Ⅲ－Ⅰ－Ⅱ　　　カ．Ⅲ－Ⅱ－Ⅰ

問9．下線部(i)について，大仏完成式典には，中国やインドから位の高い僧を含めて1万人以上が参加したと言われています。この完成式典のことを何といいますか。解答らんにしたがって答えなさい。（　　　　式）

問10．下線部(j)に関して述べた次の文X・Yの正誤の組み合わせとして正しいものを，後のア～エから1つ選びなさい。（　　　　）

　　X．ため池や道路，橋などをつくる事業に尽力したが，最初は天皇によって取り締まられていた。

　　Y．奈良に唐招提寺を開いて，仏教の発展に大きな役割を果たした。

　　　ア．X―正　　　Y―正　　　イ．X―正　　　Y―誤　　　ウ．X―誤　　　Y―正

　　　エ．X―誤　　　Y―誤

1 ≪近代≫ 次の文章を読み，あとの問い（問1～5）に答えなさい。 （清風南海中）

ジョルジュ＝フェルディナン＝ビゴーは，(a)1860年，フランスに生まれた。母の影響を受けて小さい頃から絵を描き始め，学校で専門的に美術を学んだが，家計を助けるために退学し，その後はさまざまな社交場に出入りして，(b)日本美術の愛好家たちから日本美術の知識を得た。

1882年，ビゴーは21歳の時に来日した。最初は(c)お雇い外国人として絵画の講師に雇用されたが，徐々に報道画家として活動していくこととなった。1887年にはフランス人向けの漫画『トバエ』を刊行し，(d)日本の政治を題材とする漫画を多数発表した。

その後ビゴーはフランスに帰国し，1927年に67歳でその生涯を終えた。彼の作品は(e)第二次世界大戦終結前はほとんど知られることはなかったが，戦後，日本の歴史学者が彼の作品を多く紹介したことで，日本国内に広く知られることとなった。

問1 下線部(a)に関して，1860年代に起こった次のⅠ～Ⅲの出来事を，年代の古い方から順に並べたものとして正しいものを，あとのア～カのうちから1つ選び，記号で答えなさい。（　　　）

Ⅰ 勝海舟は，薩摩藩の西郷隆盛と交渉し，戦わずして江戸城を明けわたした。

Ⅱ イギリスなど4か国の軍隊が，下関の砲台を攻撃して上陸し，長州藩と戦った。

Ⅲ 坂本龍馬の仲介によって，対立する薩摩藩・長州藩の間で薩長同盟が結ばれた。

ア．Ⅰ→Ⅱ→Ⅲ　　イ．Ⅰ→Ⅲ→Ⅱ　　ウ．Ⅱ→Ⅰ→Ⅲ　　エ．Ⅱ→Ⅲ→Ⅰ

オ．Ⅲ→Ⅰ→Ⅱ　　カ．Ⅲ→Ⅱ→Ⅰ

問2 下線部(b)に関して，19世紀後半のヨーロッパでは，浮世絵などの日本の美術品が流行した。あとの文章も参考にして，次の浮世絵を描いた人物の名前を漢字で答えなさい。（　　　）

これは，江戸と京都を結ぶ街道における宿場町の風景などを描いた浮世絵作品のひとつです。この作品では現在の静岡県にあった「原」という宿場町の近くから見える富士山が描かれています。

問3 下線部(c)に関して，明治政府はお雇い外国人を雇用するなどして，国家の近代化のために様々な政策を行った。日本の近代化政策として正しいものを，次のア～エのうちから1つ選び，記号で答えなさい。（　　　）

ア．明治政府はすべての藩を廃止したあとに，大名に領地と領民を天皇に返上するよう命じた。

イ．明治政府は西洋式の強い軍隊をつくるために，満20才以上の男子に兵役の義務を定めた。

　　ウ．明治政府はアメリカから技術者を招き，アメリカ製の機械を導入した富岡製糸場を建設して，

　　　　産業の育成をはかった。

　　エ．明治政府は地租改正を行い，米の収穫高に応じた税を納めさせることで，安定した財源を獲

　　　　得した。

問4　下線部(d)に関して，次のⅠ・Ⅱはビゴーが描いた風刺画である。これに関する先生と南海さ

　　んの会話文を読み，下の①～④の文のうち，会話文中の空らん（　X　）・（　Y　）にあてはまるもの

　　として正しいものの組み合わせを，あとのア～エのうちから1つ選び，記号で答えなさい。

（　　　　）

　先生　　　：Ⅰは「メンザレ号の救助」という作品だよ。1887年，フランスのメンザレ号がシャン

　　　　　　　ハイ沖で沈没したんだ。それを聞いたビゴーは，メンザレ号の事件を利用して，前年に

　　　　　　　イギリス船が紀伊半島沖で沈没した事件の風刺画を描いたんだよ。

　南海さん：イギリス船の沈没事件で，イギリスが行った日本への対応がきっかけとなって（　X　）

　　　　　　　が問題になり，日本国内で条約改正の声が高まったんですよね。

　先生　　　：ビゴーは条約改正に対して消極的な立場をとっていたから，イギリスの対応を苦々し

　　　　　　　く思っていたんだね。次はⅡの作品を見てみよう。これは，1887年に描かれた「魚釣り

　　　　　　　遊び」という作品なんだ。

　南海さん：川岸に座って釣りをしている人物が2人いて，どちらが魚を釣り上げるのか競争して

　　　　　　　いるように見えます。これは風刺画だから，ある国をめぐって，2つの国が争っている

　　　　　　　ことを表しているんですね。

　先生　　　：そうだね。このあと，風刺画で描かれた通りに戦争が起こってしまったんだ。この戦

　　　　　　　争に勝利した国は，講和条約を結んだ時に（　Y　）を認められたんだよ。

　　①　日本に関税自主権がないこと　　　②　日本が領事裁判権を認めていること

　　③　韓国を植民地とすること　　　　　④　台湾を植民地とすること

　　　ア．X　①　　Y　③　　イ．X　①　　Y　④　　ウ．X　②　　Y　③

　　　エ．X　②　　Y　④

問5　下線部(e)に関して，第二次世界大戦中，日本は，日中戦争の状況を打開するために東南アジ

　　アに軍をすすめた。この行動に対してアメリカがとった対応を，10字程度で答えなさい。

　　　アメリカは □□□□□□□□□□□□□□□□□

2　≪現代≫　常翔学園中学校では，現在，中学3年生になると修学旅行で沖縄に訪れます。沖縄ではおもに，首里城，ひめゆりの塔，平和の礎の見学（過去を学ぶ）や自衛隊の基地見学と体験（現在を知る），現地の大学生とのディスカッション（未来を語る）などを通して，平和学習を行っています。そこで，中学3年生のA班が「沖縄について」をテーマにした壁新聞を作成しています。その記事をのぞいてみましょう。

（常翔学園中）

沖縄から東京へはパスポートで旅行！？

当時，本土に渡航する際は，「琉球列島米国民政府」が発行する特別パスポート（日本渡航証明書）が必要で，パスポートには「出域許可」のスタンプも押された。幼少期に①アメリカの統治下で育った沖縄の方は「当たり前のことで，違和感がなかった」という。復帰後はパスポートがいらなくなり，自由に往き来できるようになった。

左側通行に戸惑う

②本土に復帰をはたした6年後，交通方法が変更された。それまでは，アメリカと同じ右側通行だったのが，一夜にして左側通行に変わった。これを機に身をもって復帰を実感した人もいたという。

兵隊で繁盛　通貨は「ドル」

アメリカ統治下の沖縄で使われていた通貨は「ドル」だった。固定相場制で1ドル＝360円の時代だ。コザ市（いまの沖縄市）には，東アジア最大のアメリカ空軍基地の嘉手納基地があり，「基地の街」とも言われた。基地近くの飲食店では，客の大半はアメリカ兵で多くの軍人がいた1960年代（3000ドルあれば家が建つといわれた時代）の③ベトナム戦争のころは，一晩で2000ドルを売り上げた飲食店もあったそうだ。

本土復帰　基地残る

復帰後初の④知事となった屋良朝苗は，「沖縄県民のこれまでの要望と心情にてらして，復帰の内容をみると，必ずしも私どもの切なる願望がいれられたとはいえない」と話した。県民が望んでいた「基地のない島」が実現しなかったことへの無念の思いを言葉にしたものだった。その一方で，「沖縄県民にとって復帰は強い願望であり，正しい要求だった。これからも自らの運命を開拓し，歴史を創造しなければならない」と未来への決意を語った。

（「読売中高生新聞」・「沖縄観光情報WEBサイト」を参考にして作成）

被爆国「核兵器を持つべきか」

1964年10月に中華人民共和国は，核実験に成功し，日本政府に大きな衝撃を与えた。当時の佐藤栄作首相は，1965年1月の日米首脳会談で「中共が核を持つなら，日本も持つべきだと考える」と発言したとされる。日本核武装と核拡散への懸念は，アメリカのジョンソン政権が核拡大抑止の「保証」を明確化させる契機ともなった。日本も核武装するのかどうかを国際社会から問われたが，日本はあえて核兵器を持たない方針を定め，アメリカの「核の傘」に安全保障を委ねる方針を確立していった。そして佐藤首相は1967年12月に⑤非核三原則を表明し，1972年の沖縄返還に際しては「核抜き本土並み」という路線の採択に至っている。

＊中共…中国共産党のことで，中華人民共和国政府を指す

（「読売中高生新聞」・「沖縄観光情報WEBサイト」を参考にして作成）

問1　傍線部①について，当時の吉田茂首相がサンフランシスコ平和条約を結び，日本が占領下から主権を回復し独立をはたしました。これと同時にアメリカと軍事同盟を結び，引き続きアメリカ軍が日本にとどまることになりました。この軍事同盟の条約をなんといいますか。（　　　　）

問2　下線部②について，アメリカの統治下では，通貨としては「ドル」が使用されていましたが，本土復帰後は，日本の「円」が使われました。右の写真は，2000年から発行された二千円日本銀行券です。この右の図柄では左側に「弐千円」の文字等を配し，右側には沖縄の首里城にある（　　　）門を配したものです。（　　　）に入る適語を次の中から1つ選び，記号で答えなさい。（　　　　）

「財務省ウェブサイト」より

(ア) 凱旋　　(イ) 守礼　　(ウ) 朱雀　　(エ) 南大

問3　下線部③は，社会主義諸国の多い東側と資本主義諸国が多い西側の陣営による対立（冷戦）の影響を受けています。この対立（冷戦）の終結が宣言された1989年の米ソ首脳会談の呼称として最も適切なものを次の中から1つ選び，記号で答えなさい。（　　　　）

(ア) ジュネーブ会談　　(イ) ポツダム会談　　(ウ) マルタ会談　　(エ) ヤルタ会談

問4　下線部④について，昨年は沖縄県知事選挙（9月11日投開票）が行われ，現職の知事が当選し2期目の県政へと入りました。現在の沖縄県知事を次の中から選び，記号で答えなさい。

（　　　　）

(ア) 稲嶺惠一　　(イ) 翁長雄志　　(ウ) 玉城デニー　　(エ) 仲井眞弘多

問5　下線部⑤について，本土復帰に際して日本政府は，非核三原則「持たず・（　　　）・（　　　）」の方針は沖縄県にも適用するとしました。（　　　）に入る適語を答えなさい。（　　　）（　　　）

3 ≪吉田茂と歴史≫ 神戸女学院中学部2年生の生徒は，社会科の授業で，歴史上の人物を1人選び，その人物について調べて発表することになりました。以下は，花子さんの班が吉田茂について調べ，話し合っている様子です。よく読んで，あとの問いに答えなさい。 （神戸女学院中）

花子 「吉田茂は，1878年に竹内綱の子として生まれ，1881年に吉田健三の養子になりました。」

良子 「実父の竹内綱は土佐藩出身で，明治時代には自由民権運動に尽力しました。自由党の役員であった竹内綱は，自由党をつくった【 A 】が岐阜での演説終了後に襲われて負傷した現場に居合わせたそうです。また，①第1回衆議院議員総選挙で当選し，日本最初の国会議員になりました。」

正子 「養父の吉田健三は竹内綱の親友で，実子がいなかったことから吉田茂を養子としました。吉田健三はイギリスとの関係が深い貿易商で，数々の事業を手がけていました。」

愛子 「吉田茂には二人の父親がいたんですね。」

花子 「もう一人，吉田茂の父と呼ばれる人物がいます。牧野伸顕です。吉田茂は牧野伸顕の娘と結婚しました。つまり，牧野伸顕は吉田茂の妻の父にあたります。牧野伸顕は，明治時代から昭和時代前期に活躍した外交官・政治家です。」

良子 「1871年，牧野伸顕は，岩倉使節団の一員であった父の【 B 】に同行し，アメリカに留学した経験があります。ドイツが②第一次世界大戦の休戦協定に調印した翌年，パリで開かれた講和会議には，日本の代表者の一人として参加しました。」

正子 「当時，外交官として中国で勤務していた吉田茂は，牧野伸顕に手紙を送り，パリ講和会議を見学できるようにイギリスなどへ勤務地を変更してほしいと頼んだそうです。そして，牧野伸顕にしたがってパリ講和会議に参加しました。」

愛子 「その後，1936年には，外務大臣の候補に吉田茂の名前があがったそうですね。しかし，吉田茂は陸軍の反対により入閣できず，イギリス駐在大使となりました。」

花子 「吉田茂はイギリス駐在大使になると，イギリスに日英協調を呼びかけました。しかし，その最中に，③日中戦争が始まりました。日英交渉が失敗に終わり，吉田茂は帰国すると，1939年，外務省を去りました。」

良子 「吉田茂が外務省を去った年は，④第二次世界大戦が始まった年ですね。その後，吉田茂は日米開戦を回避しようと努力しましたが，⑤1941年12月，日本はハワイの真珠湾にあるアメリカの海軍基地を攻撃し，ほぼ同時に⑥イギリス領のマレー半島にも上陸しました。」

正子 「⑦1945年，戦争に敗れた日本は，アメリカを中心とする連合国軍に占領されました。⑧その指示のもとで，日本政府は戦後改革を行いました。敗戦後，吉田茂は外務大臣を務め，続いて，第1次吉田茂内閣を組織しました。その後，片山哲内閣，芦田均内閣を経て，第2次から第5次まで長期にわたって内閣総理大臣を務めました。」

愛子 「1951年，内閣総理大臣であった吉田茂は，サンフランシスコ講和会議に出席しました。この会議で日本は，⑨サンフランシスコ平和条約に調印しました。また，同日，アメリカとの間で（ 1 ）条約にも調印しました。」

花子 「サンフランシスコ講和会議に参加した一人に池田勇人がいますね。池田勇人はのちに内閣総理大臣となった人物です。」

良子　「吉田茂内閣で重要な役職についた人物のなかには，そののち内閣総理大臣に就任している人が池田勇人のほかにもいますね。（　２　）は第２次吉田茂内閣の官房長官でしたが，1964年から1972年まで内閣総理大臣を務め，1974年にノーベル平和賞を受賞しました。」

正子　「今度は，（　２　）について調べてみるのもおもしろそうですね。」

問1　（　１　），（　２　）に入る最も適当な語句を答えなさい。ただし，以下の注意にしたがうこと。

　　　1 ▢▢▢▢▢▢　2（　　　　）

　　〈注意〉

　　　＊（　１　）は解答欄にしたがって漢字で答えなさい。

　　　＊（　２　）は姓名を漢字で答えなさい。

問2　【　Ａ　】，【　Ｂ　】に入る人名として最も適当なものを次のア～カのうちからそれぞれ選び，記号で答えなさい。なお，【　Ｂ　】は薩摩藩出身で吉田茂が生まれた年に暗殺された人物です。

　　　Ａ（　　　　）Ｂ（　　　　）

ア．大隈重信　　イ．大久保利通　　ウ．西郷隆盛　　エ．木戸孝允　　オ．板垣退助

カ．伊藤博文

問3　下線部①が行われた時の選挙権に関する説明として最も適当なものを次のア～エのうちから選び，記号で答えなさい。（　　　　）

ア．選挙権を持つ者は一定の金額以上の税金を納めた満20歳以上の男性のみで，日本の全人口の約1.1％に過ぎなかった。

イ．選挙権を持つ者は一定の金額以上の税金を納めた満20歳以上の男性のみで，日本の全人口の約10.1％に過ぎなかった。

ウ．選挙権を持つ者は一定の金額以上の税金を納めた満25歳以上の男性のみで，日本の全人口の約1.1％に過ぎなかった。

エ．選挙権を持つ者は一定の金額以上の税金を納めた満25歳以上の男性のみで，日本の全人口の約10.1％に過ぎなかった。

問4　下線部②について，次の問いに答えなさい。

1）第一次世界大戦に関する説明として最も適当なものを次のア～エのうちから選び，記号で答えなさい。（　　　　）

ア．日本は同盟を結んでいたイギリスの陣営について，第一次世界大戦に加わり，戦勝国のひとつとなった。

イ．ヨーロッパの不景気の影響が日本にも及び，第一次世界大戦中に日本の輸出額は大幅に減少して不景気に見舞われた。

ウ．ヨーロッパの影響を受けて日本国内でも社会運動が活発となり，第一次世界大戦中に全国水平社の創立大会が開かれた。

エ．第一次世界大戦後に日本が韓国を併合して植民地化すると，韓国で大規模な独立運動が起こった。

2）第一次世界大戦後には国際連盟が発足しました。国際連盟が発足した年から約６年間，その事務次長を務めた日本人は誰ですか。姓名を漢字で答えなさい。（　　　　）

問5　下線部③について，日中戦争が始まった翌年に起こった出来事として最も適当なものを次の
　　　ア〜エのうちから選び，記号で答えなさい。（　　　　）

　　　ア．治安維持法が定められた。　　　　　イ．国家総動員法が定められた。

　　　ウ．小学校が国民学校と改められた。　　エ．徴兵年齢が19歳に引き下げられた。

問6　下線部④について，第二次世界大戦中，日本人の外交官がリトアニアで勤務していた時に，迫
　　　害を受けていたユダヤ人に対して，日本を通過するビザ（日本に入国するための許可証）を発行
　　　しました。この外交官は誰ですか。姓名を漢字で答えなさい。（　　　　）

問7　下線部⑤について，次の(あ)〜(う)は1941年12月以降に起こった出来事です。起こった順に並
　　　べ替えたものとして最も適当なものをあとのア〜カのうちから選び，記号で答えなさい。（　　　　）

　(あ)　ミッドウェー海戦で日本は敗北した。

　(い)　サイパン島の日本軍守備隊が全滅した。

　(う)　3月10日の東京大空襲で10万人以上の人々が亡くなった。

　　　ア．(あ)→(い)→(う)　　　イ．(あ)→(う)→(い)　　　ウ．(い)→(あ)→(う)　　　エ．(い)→(う)→(あ)

　　　オ．(う)→(あ)→(い)　　　カ．(う)→(い)→(あ)

問8　下線部⑥はどこにありますか。最も適当
　　　なものを〈地図〉のa〜dのうちから選び，記
　　　号で答えなさい。（　　　　）

〈地図〉

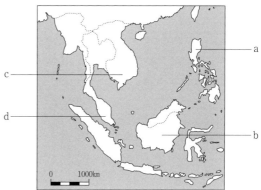

問9　下線部⑦について，1945年，連合国軍総司令部最高司令官として来日したのは誰ですか。解
　　　答欄にしたがって人名をカタカナで答えなさい。［　　　　　　　］

問10　下線部⑧の内容として適当でないものを次のア〜エのうちから1つ選び，記号で答えなさい。
　　　　　　　　　　　　　　　　　　　　　　　　　　　　　　　　　　　　　　　（　　　　）

　　　ア．労働組合の結成をすすめた。　　　イ．6・3制の義務教育が始まった。

　　　ウ．特定の大企業が解体された。　　　エ．小作農家を増やす政策を行った。

問11　下線部⑨について，サンフランシスコ平和条約に関する説明として最も適当なものを次のア
　　　〜エのうちから選び，記号で答えなさい。（　　　　）

　　　ア．この条約により，日本が台湾を放棄すると定められた。

　　　イ．この条約により，小笠原諸島が日本に復帰すると定められた。

　　　ウ．この条約により，日本はソ連と国交を回復した。

　　　エ．この条約を調印した会議にインドは招かれなかった。

4 ≪最新の入試問題から≫　次の文を読み，あとの問いに答えなさい。　　　　　　（同志社香里中）

　日本初の国産チョコレートは，風月堂によって①1878年に発売された。当時は，「貯古齢糖」や「猪口令糖」という表記で新聞広告がされていた。カカオ豆からの一貫生産は，②1918年森永製菓がはじめた。こうしてチョコレートは高級品から庶民の菓子となり，③1920年代から30年代にかけて日本人の間に急速に普及した。

　キャラメルなどをチョコレートでコーティングしたボンボン・ショコラは④1923年に来日したゴンチャロフによって神戸でつくられはじめた。⑤1932年，神戸のモロゾフが，「愛の贈り物としてチョコレートを贈りましょう」というスタイルを提案したが，日本でバレンタインデーにチョコを贈る習慣が定着したのは1960年代のことである。

　第二次世界大戦の影響により，日本では1940年12月を最後にカカオ豆の輸入は止まったが，⑥オランダ領東インドを占領した日本軍は，カカオ豆の農園や，ジャワ島の工場を手に入れ，森永製菓などにチョコレートをつくらせ，軍に納入させた。

　1945年に日本が第二次世界大戦で敗れると，占領軍を通じて大量のチョコレートが日本にもたらされ，⑦当時の子供たちが兵士たちに投げかけた「ギブ・ミー・チョコレート！」という語は，占領時代の世相を表す語となった。

問1　文中＿＿①～⑦について，あとの問いに答えなさい。

　①　この年以前におこったできごととして正しいものを下より選び，記号で答えなさい。（　　　　）

　　　あ．国会の開設　　　い．江戸を東京とする　　　う．政党内閣の成立　　　え．治安維持法の成立

　②　この年に終結した戦争を下より選び，記号で答えなさい。（　　　　）

　　　あ．日清戦争　　　い．第1次世界大戦　　　う．日中戦争　　　え．朝鮮戦争

　③　この年代におこったできごとを下より選び，記号で答えなさい。（　　　　）

　　　あ．鹿鳴館の開設　　　い．学制の公布　　　う．電気冷蔵庫の普及　　　え．ラジオ放送の開始

　④　来日の背景としてもっとも適切なものを下より選び，記号で答えなさい。（　　　　）

　　　あ．満州事変　　　い．世界恐慌　　　う．ロシア革命　　　え．日中戦争

　⑤　この当時の社会の様子として正しいものを下より選び，記号で答えなさい。（　　　　）

　　　あ．バスの車掌は若者に人気の仕事となったが，男子のみがなることができた。

　　　い．男女ともに国会議員の選挙に限り，普通選挙権が認められていた。

　　　う．徴兵令による女子の兵役の義務は男子よりも6か月短縮されていた。

　　　え．中学校には男子が，女学校には女子が通うなど男女別学が基本であった。

　⑥　現在の国としてもっとも適切なものを下より選び，記号で答えなさい。（　　　　）

　　　あ．インド　　　い．ベトナム　　　う．インドネシア　　　え．タイ

　⑦　この兵士たちの出身国としてもっとも適切なものを下より選び，記号で答えなさい。（　　　　）

　　　あ．中国　　　い．イタリア　　　う．ドイツ　　　え．アメリカ

1 ≪音楽と歴史≫ 洛南には部活動の1つとして吹奏楽部があります。吹奏楽部ではトランペットや
クラリネットといった楽器を用いて、クラシックやポップスなどさまざまな楽曲を演奏します。日
本の歴史を振り返ると、古来より日本人は音楽に親しんできました。次のA～Lの文章を読んで、
あとの(1)～⒇の問いに答えなさい。 (洛南高附中)

A ①縄文時代の遺跡からは土鈴とよばれる楽器が発掘されています。球形や円筒形をした器の
中に丸とよばれる小さな粒が入っており、振ると鈴のような音がします。このほかにも、岩笛と
よばれる、石でできた楽器もありました。
　弥生時代には②中国との交流から、塤という新しい楽器が現れました。塤は中国で使われてい
た土笛の一種で、いくつか穴が開いており、6つの異なる音を出すことができました。

(1) 下線①について、縄文時代の遺跡として三内丸山遺跡があります。この遺跡で発見された矢
じりは北海道産のあるものを材料としてつくられていました。この材料として正しいものを、
次のア～オから1つ選んで、記号で答えなさい。（　　　）
　ア　水晶　　イ　黒曜石　　ウ　ひすい　　エ　琥珀　　オ　アスファルト

(2) 下線②について、次のア～エの史料は日本と中国との交流が記されているものです。ア～エ
を年代順に並べかえ、記号で答えなさい。（　　→　　→　　→　　）
　ア　『隋書』倭国伝　　イ　『漢書』地理志　　ウ　『魏志』倭人伝　　エ　『後漢書』東夷伝

B ③6世紀になると、朝鮮半島を通じてさまざまな知識が伝えられました。その1つである儒教
は音楽と関わりがあります。儒教の儀礼の1つに「八佾」という舞があります。これは中国の君
主だけが上演を命じることができるものですが、『日本書紀』に④蘇我蝦夷がこれを舞わせたと
記されています。

(3) 下線③について、6世紀の世界の出来事の説明として正しいものを、次のア～オから1つ選
んで、記号で答えなさい。（　　　）
　ア　ゲルマン民族が大移動を始めた。　　イ　インドでガンダーラ美術が栄えた。
　ウ　『ローマ法大全』がつくられた。　　エ　イスラム帝国が成立した。
　オ　新羅が朝鮮半島を統一した。

(4) 下線④について、中大兄皇子らは蘇我蝦夷とその子入鹿を滅ぼし、新しい政治を始めまし
た。次の史料はその方針をまとめたものです。史料中の（　　）にあてはまる語句を**漢字4字**
で答えなさい。ただし、史料はわかりやすく書き改めてあります。☐☐☐☐
　一．各地の皇族の私有地や私有民、豪族の私有地や私有民を廃止する
　一．国司・郡司の制度を整え、国・郡などの境を定める
　一．戸籍と計帳をつくり、（　　）法を定める
　一．新しい税をつくる

C 7世紀の終わりから、日本では⑤律令制度が導入されました。令によって定められた8つの
省の1つに、儀礼や外交を担当する治部省がありました。その中に置かれた雅楽寮は朝廷の音

楽をつかさどるものでした。日本古来の歌と舞だけでなく，外来の音楽も演奏し，また，演奏者を養成しました。竜笛や篳篥といった管楽器が中国や朝鮮を通じて日本に入ってきました。

(5) 下線⑤について，701年に定められた律令の名を答えなさい。（　　　　　）

D　⑥奈良時代の聖武天皇は仏教を厚く信仰し，743年に大仏造立の詔を発して，大仏をつくることを命じました。大仏が完成したあとに行われた開眼供養では，鐘と太鼓が地面をふるわせ，華厳経が唱えられ，仏教音楽の梵唄が演奏されたといわれています。

(6) 下線⑥について，奈良時代について述べた文として**誤っているもの**を，次のア〜オから1つ選んで，記号で答えなさい。（　　　　　）

　　ア　『万葉集』が編さんされた。　　イ　富本銭が鋳造された。
　　ウ　三世一身法が出された。　　エ　道鏡が失脚した。　　オ　『風土記』がつくられた。

E　⑦平安時代になると，広く貴族たちが自分で音楽を演奏するようになりました。彼らは，笙・琵琶・太鼓などを用いて合奏を楽しみました。この貴族たちの器楽合奏を管弦といいます。「管弦の遊び」とよばれる演奏会が宮廷や貴族たちの邸宅でたびたび催されました。こうして音楽は，和歌や漢詩に加えて，貴族が身に付けるべき教養の1つとなりました。

(7) 下線⑦について，平安時代に登場した人物とその人物にまつわる出来事の組み合わせとして正しいものを，次のア〜オから1つ選んで，記号で答えなさい。（　　　　　）

　　ア　藤原道長―臣下として初めて摂政となった。
　　イ　坂上田村麻呂―陸奥国に多賀城を築いた。
　　ウ　菅原道真―平等院鳳凰堂をつくった。
　　エ　紀貫之―『古今和歌集』をまとめた。
　　オ　空也―真言宗を開いた。

F　12世紀末に⑧鎌倉幕府が成立して武家政治が始まると，『平家物語』を琵琶で弾き語る平曲が登場しました。これは琵琶法師によって広まっていきました。また新しく広まった仏教にも音楽が取り入れられ，⑨念仏を唱えながら鉦を打ち鳴らして踊るという踊念仏は有名です。

(8) 下線⑧について，次の図は鎌倉幕府の組織図です。図中（あ）〜（う）にあてはまる語句の組み合わせとして正しいものを，右のア〜クから1つ選んで，記号で答えなさい。（　　　　　）

	あ	い	う
ア	管領	記録所	京都所司代
イ	管領	記録所	六波羅探題
ウ	管領	政所	京都所司代
エ	管領	政所	六波羅探題
オ	執権	記録所	京都所司代
カ	執権	記録所	六波羅探題
キ	執権	政所	京都所司代
ク	執権	政所	六波羅探題

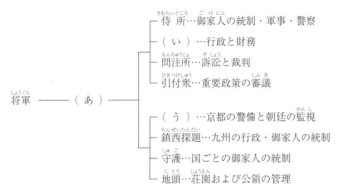

将軍 ──── （あ）

- 侍所…御家人の統制・軍事・警察
- （い）…行政と財務
- 問注所…訴訟と裁判
- 引付衆…重要政策の審議
- （う）…京都の警備と朝廷の監視
- 鎮西探題…九州の行政・御家人の統制
- 守護…国ごとの御家人の統制
- 地頭…荘園および公領の管理

(9) 下線⑨について，この教えをもつ宗派の開祖を答えなさい。（　　　）

G　室町時代には，笑いを中心とする猿楽に，豊作を祈る田楽の要素を取り入れ，能とよばれる音楽舞踊が登場しました。これは⑩足利義満の保護を受けた世阿弥が大成しました。一方，猿楽の笑いを中心とする部分は狂言として独立しました。能は武家や公家に，狂言は⑪庶民たちの間に広がり，人々を楽しませました。

(10) 下線⑩について，足利義満は中国に使者を送り，勘合貿易を始めました。このときの中国の王朝名を答えなさい。（　　　）

(11) 下線⑪について，この時代の庶民の様子を述べた文として誤っているものを，次のア～オから1つ選んで，記号で答えなさい。（　　　）

ア　牛や馬を使った耕作や二毛作を行っていた。

イ　馬借や車借といった運送業を担う者が現れた。

ウ　土倉や酒屋など高利貸し業者になる者がいた。

エ　独自の村のおきてをつくり自治を行った。

オ　備中ぐわや千歯こきといった新しい農具を使用した。

H　1549年，スペイン人の（　　　）がキリスト教を伝えると，宣教師によるキリスト教布教が始まりました。宣教師は音楽を重視し，カトリック教会の聖歌を伝え，弓で弾く楽器や，鍵盤楽器などを持ち込みました。また，セミナリオというキリスト教の学校を開き，音楽も教えました。織田信長は⑫安土城下のセミナリオで生徒の演奏する西洋音楽を聴いて満足したと伝えられています。

(12) 文章中の（　　　）にあてはまる人物の名を答えなさい。（　　　）

(13) 下線⑫について，この城の場所を，地図中のア～オから1つ選んで，記号で答えなさい。（　　　）

I　江戸時代の初め，三味線の伴奏に合わせた人形劇である人形浄瑠璃が人気を集めました。やがて，男性役者が三味線の伴奏に合わせて演劇をする歌舞伎も登場しました。17世紀末の⑬元禄期には市川団十郎や坂田藤十郎といった有名な役者も現れました。しかし，19世紀半ばの⑭天保の改革によって質素倹約が奨励されると，これらの演劇は制限され，多くの役者が処罰されました。

⑭　下線⑬について，元禄期に描かれた作品として正しいものを，次のア〜オから1つ選んで，記号で答えなさい。（　　　　）

⑮　下線⑭について，天保の改革について述べた文として正しいものを，次のア〜オから1つ選んで，記号で答えなさい。（　　　　）

　　ア　目安箱を置いた。　　　　　　　　イ　株仲間の結成を進めた。
　　ウ　農民たちを強制的に農村へ帰らせた。　エ　生類あわれみの令を出した。
　　オ　参勤交代の制度を整えた。

J　明治時代になると，西洋音楽を用いて，学校で唱歌を教えるようになりました。わらべ歌など地域の伝承歌は使用せず，西洋の歌を日本語に合うようアレンジしたものを使用しました。たとえば，今でも歌われる「蛍の光」はスコットランドの歌です。このように音楽においても⑮西欧化が進んでいきました。

⑯　下線⑮について，西欧化は音楽に限らず多くの分野で進みました。この時代の西欧化について述べた文として誤っているものを，次のア〜オから1つ選んで，記号で答えなさい。

（　　　　）

　　ア　大日本帝国憲法が制定された。　　イ　日本銀行が設立された。
　　ウ　全国的な郵便制度が整えられた。　エ　男子に兵役を義務付けた。
　　オ　労働組合法が制定された。

K　20世紀に入るとメディアの役割が大きくなりました。ラジオ放送は⑯1925年の試験放送を経て，1928年から全国放送となり，西洋楽器で伴奏する歌謡曲が流されました。しかし，日中戦争，そして太平洋戦争が始まると政府の統制が強まりました。⑰1943年にはアメリカ合衆国やイギリスの音楽の追放が掲げられました。

⑰　下線⑯について，この年に普通選挙法が制定されました。この法律によって選挙権を得た人々として正しいものを，次のア～エから1つ選んで，記号で答えなさい。（　　　）

　　ア　20歳以上の男女　　　イ　20歳以上の男子　　　ウ　25歳以上の男女

　　エ　25歳以上の男子

⑱　下線⑰について，この年にアメリカ合衆国・イギリス・中国の首脳によって行われた対日戦争に関する会談を，次のア～オから1つ選んで，記号で答えなさい。（　　　）

　　ア　ポツダム会談　　　イ　大西洋上会談　　　ウ　テヘラン会談　　　エ　カイロ会談

　　オ　ヤルタ会談

L　太平洋戦争の終結後，学校における音楽教育も変化し，音楽の授業では子供たちが楽器を演奏することが重視されました。また，⑱日本の産業が発展するにつれて，ピアノなど西洋楽器の生産も盛んになりました。

　　⑲平成時代に入ると，中学校の音楽授業において和楽器を教えることが義務付けられました。また，コロンビア大学において雅楽を教えるコースがつくられるなど，海外でも日本音楽の研究や実技指導が行われています。日本の歴史と文化に深く関わっている日本音楽を大切にしたいものです。

⑲　下線⑱について，1950年代半ばから急速に産業が発展していきました。この発展の一方で，四大公害病が問題となりました。四大公害病のうち，熊本県で発生した公害病の名を答えなさい。（　　　）

⑳　下線⑲について，平成時代の世界の出来事について述べた文として**誤っている**ものを，次のア～オから1つ選んで，記号で答えなさい。（　　　）

　　ア　湾岸戦争が起こった。　　　　　イ　アメリカ合衆国で同時多発テロが起こった。

　　ウ　東西ドイツが統一された。　　　エ　リーマンショックにより世界不況となった。

　　オ　イギリスがEU（欧州連合）を離脱した。

2　≪各時代のあらまし≫　次のⅠ～Ⅳの文章を読んで，あとの問1～問10に答えなさい。　　（清風中）

Ⅰ　弥生時代の遺跡からは，縄文人の顔つきとは異なった①人骨が出土することがあります。彼らは中国や朝鮮半島から渡来してきた人々と考えられています。弥生時代は，中国や朝鮮半島との交流が活発化した時代であり，その交流のひとつとして紀元前4世紀頃には，水田による稲作と青銅器や鉄器などの金属器が中国や朝鮮半島からほぼ同時にもたらされました。硬さ，鋭さ，強さという金属器の性質が農具や武器に活用され，国の統一への力になりました。その間の事情は，②中国の歴史書からうかがえます。「金，銀，銅」などの金属は，それを所有した支配者の死とともに古墳の副葬品として閉じた空間に移されるものでした。しかし，6世紀中頃に仏教が伝来すると，金属が仏像の装飾に用いられるようになり，人々の目に触れられるようになりました。

③寺院の建立や都城の建設がはじまり，金属はそれらを飾る重要な位置を占め，東大寺の大仏開眼式には外国の人も参列しました。

問1　下線部①について，弥生時代の遺跡から出土した人骨を説明した文として正しいものを，次のア～エから一つ選び，記号で答えなさい。（　　　）

ア　佐賀県の環濠集落遺跡で，頭のない人骨が見つかりました。

イ　群馬県の火山灰層から，よろいをつけた人骨が出土しました。

ウ　沖縄県の港川で，化石人骨が見つかりました。

エ　千葉県の加曽利貝塚で，体を曲げてうめられた人骨が出土しました。

問2　下線部②に関連して，原始・古代の日本（倭国）について記した中国の記録である次の史料の内容a～cを，古いものから順に並べたときの順序として正しいものを，あとのア～カから一つ選び，記号で答えなさい。（　　　）

a　「（朝鮮半島の）楽浪郡の海のかなたには，倭の人々が住んでいます。100余りの小国に分かれています。」

b　「魏の皇帝は，『あなたを魏と親しい倭王に任じて，金印と組みひもを授け，特にあなたには銅鏡百枚・真珠などを与える』と詔書を出して答えました。」

c　「倭の奴国が貢物を持って，後漢の都洛陽に朝貢してきました。光武帝は，奴国王に金印と組みひもを授けました。」

ア　a→b→c　　イ　a→c→b　　ウ　b→a→c　　エ　b→c→a　　オ　c→a→b
カ　c→b→a

問3　下線部③に関連して，日本ではじめてつくられた本格的寺院について説明した文として正しいものを，次のア～エから一つ選び，記号で答えなさい。（　　　）

ア　釈迦三尊像や玉虫厨子を収蔵し，現存する世界最古の木造建築である五重塔や金堂を備えています。

イ　塔を中心に仏像を安置する金堂が3つある寺院で，法興寺とも呼ばれ，のちに平城京に移築されました。

ウ　高野山にある真言宗の総本山であり，上皇や天皇，貴族の支持を受け多くの荘園や僧兵を所有しました。

エ　鳳凰が翼を広げたような形をしていることから，鳳凰堂と呼ばれるようになったといわれています。

Ⅱ　源平の争乱によって焼け落ちた東大寺の大仏の再建は，朝廷が④鎌倉幕府の協力を得ながら進めました。そこでは重源という僧が，皇族・貴族・武士や庶民から寄付を集め，宋から来日した技術者の陳和卿の協力を得て再建を進めました。

室町時代になり，⑤琉球の人たちが日本へ貿易のために渡航するようになりました。琉球からもたらされた品々は，上流階級のあいだで人気を集めました。また，室町幕府も「琉球奉行」をおいて貿易を進めました。

戦国時代には，イエズス会の宣教師ザビエルが鹿児島に来航し，⑥キリスト教の布教をおこないました。ザビエルが日本を去ったあともイエズス会の宣教師が次々と来日し，学校や病院，

日々トレ 05 植木算・方陣算 合同と角度

問題に条件がない時は，□□□□にあてはまる数を答えなさい。

1 $5 + 27 \times 13 - 12 \times 8$ （　　　）

2 $\dfrac{1}{3} \times \dfrac{9}{17} + \dfrac{3}{4} \times \dfrac{9}{17} - \dfrac{1}{12} \times \dfrac{9}{17}$ （　　　　）

3 $100 \div 6 + 1.3 \div 0.3 - \boxed{} \div 0.12 = \dfrac{62}{3}$

4 350cm³ は $\boxed{}$ m³ です。

5 たて84m，横156mの長方形の土地があります。この土地の周りに等間かくで，木を植えます。土地の四すみには必ず木を植えるとき，最も少なくて木は何本必要か求めなさい。（　　　本）

6 25階まであるビルでエレベーターに乗りました。1階から5階までは20秒かかります。1階から25階までは $\boxed{}$ 秒かかります。ただし，エレベーターは，とちゅうの階には止まらず，いつも同じ速さでのぼります。

孤児院を建てるなどして人々を救ったので，キリスト教は民衆の間で広く信仰されるようになりました。

問4　下線部④に関連して，次の資料は御成敗式目を制定した北条泰時が，その意図を書いて弟へ送った手紙の一部です。この文章中の（　A　）にあてはまる語句を**漢字2字**で答えなさい。

資料

> 　この式目は，（　A　）とは異なっているけれども，（　A　）格式は漢字を知っている者のためにつくられたものなので，ただ漢字を見ているようなものである。仮名だけしか知らない者が漢字に向かったときは，人の目を見えなくさせてしまうかのようになるので，この式目は，世間にはただ仮名だけを知っている者が多いので，広く理解できるように，武家の人々を対象に作成した。これによって，京都の命令や（　A　）の法が，少しも変わるものではない。

問5　下線部⑤に関連して，琉球王国の成立から沖縄県の設置までのできごとを説明した文として**誤っているもの**を，次のア〜エから一つ選び，記号で答えなさい。（　　　）

ア　15世紀前半，尚巴志が三山を統一し，首里を都とする琉球王国が成立しました。

イ　那覇港は，アジア各地の船が入港する重要な国際貿易港となりました。

ウ　17世紀の初めに，中国（清）にせめられ支配されました。

エ　明治政府は軍隊と警察を送り，琉球藩を廃止して沖縄県を設置しました。

問6　下線部⑥に関連して，キリスト教に対する政策や対応について述べた文として**誤っているもの**を，次のア〜エから一つ選び，記号で答えなさい。（　　　）

ア　戦国大名の中には，貿易の利益を求めて布教を認めるものもいました。

イ　織田信長は，仏教勢力をおさえるために宣教師を保護しました。

ウ　豊臣秀吉は，長崎が教会領になっていることを知り，宣教師を追放しました。

エ　徳川家康は，幕府を開くと同時に，全国にキリスト教禁止令を出しました。

Ⅲ　島原・天草一揆のあと，徳川家光はオランダの商人に，（　B　）の出島において幕府と貿易をすることを認めました。また，日本人が外国に行くことを禁止しました。出島のオランダ商館長は，毎年のように江戸の将軍を訪ね，⑦海外のできごとを記した報告書を提出しました。オランダのもたらす品物や知識は，日本にとって世界を知る貴重な情報源でした。

　1708年10月，イタリア人宣教師シドッチが屋久島に密入国しました。屋久島の村で10日間を過ごした後，江戸で亡くなるまでの6年間を日本で過ごしました。その間，幕府の実力者で儒学者であった新井白石から直接取り調べを受けました。白石がシドッチとの対話をもとに記した『西洋紀聞』は，「鎖国」下における世界認識に大いに役立ちました。また，紀伊藩の藩主から将軍となった（　C　）は，キリスト教に関係しない天文学や医学については，中国語に訳されたヨーロッパの本の輸入をゆるめて，日常生活に役立つ学問を取り入れました。さらに，家臣や学者にオランダ語を習わせて，蘭学をさかんにしていきました。

問7　文章中の（　B　）・（　C　）にあてはまる語句の組み合わせとして正しいものを，次のア〜エから一つ選び，記号で答えなさい。（　　　）

ア　(B)　平戸　　(C)　徳川吉宗　　イ　(B)　平戸　　(C)　徳川綱吉

ウ　(B)　長崎　　(C)　徳川吉宗　　エ　(B)　長崎　　(C)　徳川綱吉

問8　下線部⑦を何といいますか。解答欄に合うように，**漢字3字**で答えなさい。

オランダ ▢▢▢

Ⅳ　明治政府は，新貨条例によりお金の単位が円に変わることや，廃藩置県により今まで発行された藩札を処分する必要があることなどから，新しいお金の発行を決めました。その時にお雇い外国人としてイタリアのキヨソーネを日本へ招きました。来日したキヨソーネは，⑧税の制度としての地租改正の「地券」や郵便制度の「切手」，あるいは最初の日本銀行券である大黒札の図案を制作するなど，精力的に仕事をこなしました。

　　昭和になり，日本が中国東北地方で軍事行動を開始したことに対して，国際連盟はイギリスのリットンを団長とする調査団を結成しました。調査団は1932年2月に東京に着き，3か月にわたり日本，中国，満州国の調査をおこないました。国際連盟は，その調査にもとづき，満州国を認めないことを決議しました。この決議にただ1国だけ反対した日本は，国際連盟を脱退し，国際社会で孤立することになりました。その後，1937年7月には北京郊外で日本軍と中国軍が戦いをはじめました。これをきっかけに，⑨日本と中国は全面戦争（日中戦争）へ突入し，戦いは1945年まで続きました。

問9　下線部⑧に関連して，民衆に課せられた税や負担について述べた文として正しいものを，次のア〜エから一つ選び，記号で答えなさい。（　　　）

ア　奈良時代，戸籍に登録された農民は，国から割りあてられた土地を耕し，米を都に運んで納めました。

イ　鎌倉時代，地頭の税の取り立てに抵抗し，幕府の支配を排除して検地をおこなうなど，自分たちの手で政治をおこなう農民があらわれました。

ウ　室町時代の手工業者や商人は，朝廷や寺社に保護してもらうかわりに運上・冥加と呼ばれる税を納めました。

エ　江戸時代，百姓たちは自分たちで村役人を選んで村の運営をし，収穫の半分ほどを年貢として幕府や藩に納めました。

問10　下線部⑨に関連して，日中戦争の開始から1945年の日本の敗戦までのできごとについて述べた次の文a〜cを，古いものから順に並べたときの順序として正しいものを，あとのア〜カから一つ選び，記号で答えなさい。（　　　）

a　アメリカは日本への石油の輸出を禁止しました。

b　日本はフランス領インドシナ北部へ軍を進めました。

c　国家総動員法で政府は労働力や物資を動員できるようになりました。

ア　a→b→c　　イ　a→c→b　　ウ　b→a→c　　エ　b→c→a　　オ　c→a→b

カ　c→b→a

3 ≪ドラマと歴史上の人物≫　たいがさんは，長編テレビドラマで取り上げられた歴史上の人物と，時代背景などについて調べたことを次の表のようにまとめました。これについて，あとの各問いに答えなさい。

（大阪教大附平野中）

ドラマ	主な登場人物	内容
A	西郷隆盛（さいごうたかもり）	江戸幕府（えどばくふ）がたおれ，新しい政府ができたころに重要な役割をはたした西郷隆盛の生涯（しょうがい）をえがいている。
B	金栗四三（かなくりしそう）（マラソン選手）	第2次世界大戦が終わり，復興（ふっこう）する日本と1964年の東京オリンピックにいたるまでの日本人の活躍（かつやく）をえがいている。
C	X	織田信長（おだのぶなが）の家臣として活躍したが，最後には信長を殺害した本能寺の変を引き起こしたXの生涯をえがいている。
D	渋沢栄一（しぶさわえいいち）	日本で最初の銀行や多くの会社の設立に関わり，日本経済の発展につくした渋沢栄一の生涯をえがいている。
E	北条義時（ほうじょうよしとき）	はじめて武家による政権をつくった源頼朝（みなもとのよりとも）につかえた北条義時や家臣たちの勢力争いをえがいている。

(1)　Aのころについて，年表を見て，あとの各問いに答えなさい。

1853年	アメリカ合衆国のペリーが4せきの軍艦（ぐんかん）で浦賀（うらが）に来航し，幕府に開国をせまる。
1854年	ペリーが再び来航し，幕府は日米和親条約（にちべいわしん）を結ぶ。
1858年	幕府はアメリカ合衆国と_a日米修好通商条約（にちべいしゅうこうつうしょう）を結び，貿易が開始される。
1866年	対立していた薩摩藩（さつまはん）と長州藩（ちょうしゅうはん）の同盟が成立し，倒幕（とうばく）運動がさかんになる。
1867年	15代目の将軍徳川慶喜（とくがわよしのぶ）が政権を朝廷に返す。
1868年	明治天皇（めいじ）が，新しい政治の方針を_b五か条の御誓文（ごせいもん）で示す。
1869年	大名が治めていた領地と領民を天皇に返させる…Y
1871年	すべての藩を廃止（はいし）して県を置く…Z

①　年表中の下線部aと同様の条約を，幕府は諸外国とも結びましたが，この条約は日本にとって不利な条件が2つありました。右の絵は1886年に起きた事件で，外国に治外法権（ちがいほうけん）を認めているために，日本国内で条約改正の必要性が強く主張されるようになりました。

　i　この事件の名前を答えなさい。（　　　　）

　ii　「外国に治外法権を認めている」以外の不利な条件とは何か，「日本に（　　　）がない」という形で簡潔に説明しなさい。（日本に　　　　　がない）

②　年表中の下線部bで次の「五か条の御誓文（一部抜粋（ばっすい））」の（　　　）にあてはまる語句を答えなさい。（　　　　）

> 一　政治は，（　　）を開き，人々は意見を述べ合って決めよう。
>
> 一　これまでの悪いしきたりをやめよう。
>
> 一　新しい知識を世界から学んで，天皇中心の国にしよう。

③　年表中のY・Zの名称として最も適切な組み合わせを，次のア〜カより選びなさい。

（　　　）

	ア	イ	ウ	エ	オ	カ
Y	地租改正	地租改正	廃藩置県	廃藩置県	版籍奉還	版籍奉還
Z	廃藩置県	版籍奉還	地租改正	版籍奉還	地租改正	廃藩置県

④　Λのドラマの主人公である西郷隆盛の活躍について説明した文章で，最も適切なものを，次のア〜エより選びなさい。（　　　）

ア．長州藩の出身である西郷隆盛は，木戸孝允と共に，幕府を倒す計画をたてた。

イ．旧幕府の勝海舟は，新政府軍の軍勢を率いていた西郷隆盛と話し合い，戦わずに江戸城を明け渡すことを決定した。

ウ．新政府の代表者の一人となった西郷隆盛は，大久保利通と共に使節団の一員としてヨーロッパやアメリカをめぐり，欧米のすぐれた文化を学んだ。

エ．大隈重信たちと協力して，自由民権運動に参加した西郷隆盛は，大日本帝国憲法の制定に重要な役割を果たした。

(2)　Bのころについて，次の写真やグラフを読んで，次の各問いに答えなさい。

①　右の写真は，戦争に敗れた日本が，1951年アメリカで開かれた講和会議で48か国と条約を結んだようすです。その翌年，日本は独立を回復しました。この条約の名前を答えなさい。（　　　）

②　東京オリンピックでは，選手たちの姿を多くの人が白黒テレビを見て，応援することができました。右のグラフにあるように，白黒テレビ，電気冷蔵庫，電気洗濯機は，当時の人々が手に入れたい家庭電化製品として「　　」と呼ばれ，急速に普及しました。「　　」に適切な語句を答えなさい。

（　　　）

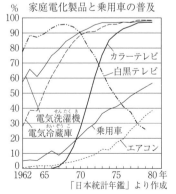

(3)　Cのころについて，次の各問いに答えなさい。

①　Xの人物名を答えなさい。（　　　）

②　Cのドラマでは，Xの人物は新しい武器であった鉄砲に注目し，何度も試し撃ちをする姿がえがかれていました。鉄砲がどのように日本で使われるようになったか，次の文章の（ i ）〜（ iv ）に適切な語句を，あとのア〜コよりそれぞれ選びなさい。

i（　　　　）　ii（　　　　）　iii（　　　　）　iv（　　　　）

1543年，（ i ）人を乗せた船が（ ii ）に漂着し，鉄砲が日本に伝わった。その後，国内でも（ iii ）などで生産が進み，1575年の（ iv ）の戦いでは，鉄砲の使用が勝敗を決定づける要因となった。

ア．堺　　イ．長崎　　ウ．スペイン　　エ．関ヶ原　　オ．京都　　カ．長篠

キ．種子島　　ク．ポルトガル　　ケ．壇ノ浦　　コ．アメリカ

(4) Dの渋沢栄一は，2024年から1万円札の肖像画にもちいられることが決まっています。次のア〜カは，現在までに日本のお札の肖像画としてもちいられた人物です。あとの各問いに答えなさい。

ア　　　　イ　　　　ウ　　　　エ　　　　オ　　　　カ

① i・iiの文章は誰の紹介をしたものか，ア〜カよりそれぞれ選び，人物名も答えなさい。

i 記号（　　　）　人物名（　　　　　）　ii 記号（　　　）　人物名（　　　　　）

i 中津藩（大分県）の下級武士の子どもでしたが，長崎で蘭学を学び，現在の慶應義塾大学を開いたり，「学問のすゝめ」などを書いたりしました。

ii 福島県で生まれ，医学の道に進み，アメリカでへびの毒についての研究をしたり，アフリカのガーナで黄熱病という伝染病の研究に取り組んだりしました。

② ア〜カの一人は，活躍した時代が他の人物と明らかに違います。その人物が活躍した時代のようすとして最も適切なものを，次のa〜dより選びなさい。（　　　）

a．有力な貴族は朝廷で高い地位につき，地方の豪族から土地を寄付されるなど，豊かな生活を送った。また，日本独自のひらがな，かたかながつくられた。

b．天皇を中心とする政治をめざして，役人の心構えや，能力のある人を身分に関係なく役人に取り立てる制度ができた。

c．天皇が，仏教の力で国を治めようとして全国に国分寺を建設し，都に大仏をつくった。また，遣唐使を派遣して国際色豊かな文化が発展した。

d．大和（奈良県）や河内（大阪府）の豪族たちが力をもち，豪族たちが連合して大和朝廷（大和政権）という政府をつくった。

③ Dのドラマの主人公である渋沢栄一は，多くの民間の会社の育成に力を入れました。彼が設立に関わり，2014年には世界遺産にも登録された，群馬県の官営（国営）の生糸生産工場の名前を答えなさい。（　　　　）

(5) 表中Eのドラマの主人公である北条義時とその一族は，源氏の将軍が3代でとだえた後，幕府の実権をにぎり，政治を行いました。次の各問いに答えなさい。

① 北条氏が将軍に代わって政治を行うために，代々つとめた役職の名前を答えなさい。

（　　　　）

② 13世紀には，モンゴル（元）が2度にわたって九州北部に攻め込んできました（元寇）。右の絵は，御家人の竹崎季長が，幕府の役人に，戦いでの自分の活躍ぶりについてうったえているようすを示しています。竹崎季長が幕府に要求した内容を答えなさい。（　　　　　　　　）

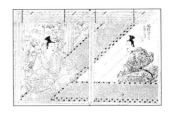

4　≪歴史上の人物の言葉から≫　次の資料A～Gは歴史上の人物のことばをあつめたものです。これについて以下の設問に答えなさい。なお，出題にあたり，資料A～Gは，一部読みやすく改めたり，省略したりしていることがあります。　　　　　　　　　　　　　　　（高槻中）

A　この資料は，5世紀の日本の支配者が，中国に使いを送り，皇帝に日本を治める称号をもらえるように要請したことを記録している中国の歴史書です。

> 順帝の昇明2年，①武は使者を派遣して，順帝に文書をたてまつりこう述べた。「わが国は中国から遠く，辺鄙なところにあります。昔から私の祖先は自ら甲冑を身に着け，山や川を駆けめぐり，休むいとまはありませんでした。②東にある55国を平らげ，西の66国を従わせ，海を渡って朝鮮半島95国を平定しました。……」と。

問1　下線部①が，地方豪族を従え治めていた国（政府）を何というか答えなさい。（　　　　　）

問2　下線部②の記述を証明するように，「武」と同一人物であると推定される王の名前が刻まれた刀剣が，国内の別々の場所から発見されました。

(1)　2本の刀剣に刻まれた王の名前は「□□□□□大王」と読みます。これに当てはまる名前をカタカナで答えなさい。（　　　　　）

(2)　この頃の王の支配域の範囲として最も適当なものを，次の(あ)～(え)の中から1つ選び記号で答えなさい。（　　　　　）

(あ)　九州地方から近畿地方までの範囲

(い)　近畿地方から関東地方までの範囲

(う)　九州地方から関東地方までの範囲

(え)　南西諸島から東北地方までの範囲

問3　この頃の国内の様子を述べた文として最も適当なものを，次の(あ)～(え)の中から1つ選び記号で答えなさい。（　　　　　）

(あ)　巨大な古墳を造営し，渡来人の技術を積極的に取り入れた。

(い)　留学生を派遣して中国の政治を学ばせ，律令制度を確立した。

(う)　役人の心構えや官位の制度を整え，中国に使者を派遣した。

(え)　女王がまじないや占いによって国を治め，中国に使者を派遣した。

B　この資料は，8世紀のある天皇が行った事業を記録した『続日本紀』という歴史書です。

天皇の 詔 に「……そもそも，この国で富をもつ者は①私であり，権力をもつ者も私である。この富と権力を用いて大仏をつくろうとすれば，そのこと自体はたやすいが，真心はこもらないことになる。……もし一枝の草や一つかみの土のように，わずかな物でも寄付して仏像の造立を助けたいという者がいたら，それを許可せよ。だからといって，②国司や郡司たちはこの造立事業のために百姓たちに強制的に寄付を募ってはならない」と命じられた。

問4　下線部①の愛用の品々を収蔵し現在に伝えている建物を次の㋐〜㋓の中から1つ選び記号で答えなさい。（　　　）

㋐　平等院　　㋑　正倉院　　㋒　中尊寺　　㋓　法隆寺

問5　下線部②は，地方の役人として人々からの税の徴収も担当しました。律令に規定される税について，右の表の(1)〜(4)にあてはまる説明文を，次の㋐〜㋓の中から選び記号で答えなさい。

　　(1)（　　　）(2)（　　　）(3)（　　　）(4)（　　　）

税	説明文
租	(1)
調	(2)
庸	(3)
出挙	貸しつけた種籾の利息を納める。
雑徭	(4)

㋐　都での労働の代わりに布を都に納める。

㋑　地方の特産物を都に納める。

㋒　国司のもとで土木工事をする。

㋓　収穫した稲のおよそ3％を国司に納める。

問6　天皇がこの資料の事業を始めたのと同じ理由から行った国家事業を10字以内で答えなさい。

C　この資料は，ある女性が関東の武士たちを説得して京都の朝廷と戦おうとしている場面を描いた『吾妻鏡』という歴史書です。

「皆，心を一つにして聞きなさい。これが最後のことばです。いまは亡き①右大将軍が，朝敵を征伐し関東に武家の政府を作り上げて以来，②われわれは官位や俸禄を頂戴しています。その恩は，山よりも高く，海よりも深いものです。感謝のこころが浅いはずはありません。しかし今，逆臣の非難を受けることになり，いわれのない綸旨をお出しになりました。③あなた方の中で名を惜しむものがあれば，早く敵を討ち取り，三代の将軍が築きあげたものを守りなさい。」

問7　下線部①は誰か漢字で答えなさい。（　　　）

問8　下線部②の官位・俸禄のうち，御家人となった武士たちが，右大将軍から領地の支配を認められ任命された役職を，次の㋐〜㋓の中から1つ選び記号で答えなさい。（　　　）

㋐　国司　　㋑　守護　　㋒　地頭　　㋓　荘園領主

問9　将軍との主従関係において，武士たちが下線部③の行動をとることを何というか，漢字2字で答えなさい。（　　　）

問10　この戦いは関東の武士の勝利でおわりますが，このあと100年にわたってこの政府を支配
　　　した一族の名前を漢字で答えなさい。また，この政府のとった行動としてあてはまるものを，
　　　次の㋐～㋔の中から1つ選び記号で答えなさい。（　　　　氏）　記号（　　　　）

　㋐　朝廷に従わない東北地方の蝦夷の反乱を鎮圧した。

　㋑　各地の守護大名を抑え，中国の明と貿易を行った。

　㋒　キリスト教の布教を保護し南蛮貿易を行った。

　㋓　九州の武士や御家人たちをまとめて，蒙古の襲来を退けた。

D　この資料は，来日したルイス・フロイスがある戦国大名の様子について報告した「耶蘇会士日
　　本通信」という記録です。

この王は，年齢は37歳で，背が高くやせている。ひげを少しはやし，声ははなはだ高い。
とても武技を好み，粗野である。正義と慈悲の行いを好み，傲慢であり，名誉を重んじる。
重要な決断は隠し，①戦術は巧妙で，規律に従うことがない。部下の進言に従うことも
まれである。彼は周囲から異常なほどに畏れうやまわれ，酒を飲まない。……優れた理解
力と判断力をもち，②神仏や偶像の崇拝を軽んじ，異教のうらないのたぐいを全く信じな
い。……

問11　下線部①に関して，「この王」が鉄砲隊を動員して武田勝頼の軍勢を打ち破った戦いを，次
　　　の㋐～㋔の中から1つ選び記号で答えなさい。（　　　　）

　㋐　川中島の戦い　　㋑　桶狭間の戦い　　㋒　長篠の戦い　　㋓　小牧・長久手の戦い

問12　下線部②に関して，戦国大名に抵抗し，「この王」が10年にわたる戦いで降伏させた宗教
　　　勢力を，次の㋐～㋔の中から1つ選び記号で答えなさい。（　　　　）

　㋐　一向宗　　㋑　日蓮宗　　㋒　天台宗　　㋓　キリスト教

問13　「この王」が下図の★に築いた城の名称を漢字で答えなさい。（　　　　）

問14　「この王」がおこなった政策として当てはまらないものを，次の㋐～㋔の中から2つ選び記
　　　号で答えなさい。（　　　　）（　　　　）

　㋐　宣教師を追放しキリスト教を禁止した。

　㋑　将軍を追放し室町幕府を滅ぼした。

　㋒　商工業で栄えた堺を支配した。

　㋓　商人の自由な経済活動を認めた。

　㋔　百姓の一揆を禁止し刀狩りを実施した。

E　この資料は，ある将軍が，朝廷に提出した文を記録したものです。

> ……私は将軍職を受けついでいますが，政治刑罰の運用が適当でないことが少なくありません。①今日の時勢になりましたのも，結局は私の不徳のいたすところで，恥おそれいる次第です。まして②最近は外国との交際が日に日に盛んになり，いよいよ朝廷の権力が一本化されませんと秩序をたもつことができません。そこで，従来の古い習慣を改め，政権を朝廷にお返しし，広く天下の議論をつくした上で③天皇のご決断を仰ぎ，心を一つにして協力して，ともに皇国を守っていくようにすれば，必ず海外諸国と肩を並べることができるでしょう。……これらのことをつつしんで申しあげます。以上。

問15　下線部①に関して，次の(あ)〜(え)の出来事を時期の古い順に並べ替えなさい。

（　　　→　　　→　　　→　　　）

(あ)　日米修好通商条約を結ぶ。　　(い)　薩長同盟が成立する。　　(う)　日米和親条約を結ぶ。

(え)　桜田門外の変がおこる。

問16　下線部②に関して，開国以来，日本最大の貿易港となった都市の場所を地図上あ〜おの記号で答えなさい。（　　　　）

問17　下線部③の天皇は誰か漢字で答えなさい。（　　　　天皇）

問18　この資料に示された決定を将軍が明らかにした場所を，次の(あ)〜(え)の中から1つ選び記号で答えなさい。（　　　　）

(あ)　江戸城　　(い)　駿府城　　(う)　二条城　　(え)　大阪城

F　この資料は，新聞『万朝報』（1903年6月30日）に掲載された内村鑑三の反戦論です。

> ①私は日露非開戦論者であるばかりでない，戦争絶対的廃止論者である。戦争は人を殺すことである。そうして人を殺すことは大罪悪である。……戦争の利益はその害毒をあがなうに足りない。戦争の利益は強盗の利益である。……近くはその実例を明治二七・二八年の日清戦争において見ることができる。二億の富と一万の生命を消費して日本国が②この戦争より得しものは何であるか。……もちろんサーベルが政権をにぎる今日の日本において，私の戦争廃止論が直ちに行われようとは私といえども望まない。③しかしながら戦争廃止論は今や文明国の識者の世論となりつつある。

問19　下線部①に関して，同じように雑誌『明星』に以下の歌を詠んで反戦の気持ちを表した人

物を，あとの(あ)～(え)の中から１つ選び記号で答えなさい。（　　　）

> あ　あゝ　をとうとよ　君を泣く　君死にたまふことなかれ
> 末に生れし君なれば　親のなさけはまさりしも　親はやいばをにぎらせて
> 人を殺せとをしへしや　人を殺して死ねよとて　二十四までをそだてしや

(あ)　平塚らいてう　　(い)　与謝野晶子　　(う)　津田梅子　　(え)　樋口一葉

問20　下線部②に関して，内村鑑三は戦勝の利益よりも害毒が多いと批判しています。日本が巨額の賠償金や台湾などの領土を獲得した「この戦争」の講和条約が結ばれた都市を答えなさい。

（　　　）

問21　下線部③に関して，第一次世界大戦が終わった後，欧米列強は，永久平和を願って国際連盟を設立することになりました。その間，日露戦争から国際連盟の設立までに日本政府のとった(あ)～(え)の行動を時期の古い順に並べ替えなさい。（　　→　　→　　→　　）

(あ)　南満州鉄道株式会社を設立し中国東北部に進出した。

(い)　中国の袁世凱政府に対して二十一ヵ条の要求を行った。

(う)　ロシアの革命に干渉するためにシベリア出兵を開始した。

(え)　韓国を併合し，朝鮮総督府が支配をした。

G　この資料は，平民宰相と呼ばれた原敬首相が書いた大正９年２月20日の日記です。

> 徐々に選挙権を拡張することは何ら異議なく，また，①いつか国内の事情がそのようなことを許すようになったなら，いわゆる普通選挙もそこまで憂慮することではないが，階級制度を打破するというように，現在の社会組織を攻撃しようとする趣旨から納税資格を撤廃するというのは，実に危険極まることであって，この②民衆の強要によって現在の社会組織を破壊するような情勢を作ってしまうならば，これは，本当に国家の基礎を危うくすることになるので，むしろこの際，議会を解散して政界の一新を計る以外はないのかと思う。

問22　下線部①に関して，原首相は，現状はまだ普通選挙を許せる状況になく，普通選挙に対し消極的であることがわかります。

⑴　原首相が憂慮する普通選挙とは「（　　　）した選挙」です。（　　　）にあてはまる最も適当な語句を，日記中のことばを抜き出して答えなさい。（　　　　）

⑵　日本において普通選挙法が制定されるのは1925年のことです。これで有権者数は４倍に増加しましたが，当時の日本の人口に占める有権者の割合（％）として最も適当なものを，次の(あ)～(え)の中から１つ選び記号で答えなさい。（　　　）

(あ)　約５％　　(い)　約20％　　(う)　約49％　　(え)　約65％

問23　下線部②のように原首相が考えるのは，２年前の1918年，民衆の暴動が全国に広がり軍隊が出動する事態となり，その責任を取り前首相が辞任したことが背景にありました。この出来事を漢字で答えなさい。（　　　）

5 ≪年表で見る歴史≫　次の日本の歴史に関する年表を見て，後の問いに答えなさい。　　（京都女中）

年	できごと
A	
618	唐が成立する……………………………………①
B	
1192	源頼朝が征夷大将軍となる………………②
C	
1588	豊臣秀吉が（　　　）を命じる…………③
D	
1637	島原の乱が始まる…………………………④
E	
1854	日米和親条約が結ばれる…………………⑤
F	
1914	第一次世界大戦が始まる…………………⑥
G	
1951	日米安全保障条約が結ばれる……………⑦

問1　①について，この時の唐の都はどこですか，漢字で答えなさい。（　　　　）

問2　②について，源頼朝の妻で鎌倉幕府第2代，3代将軍を生んだ人物は誰ですか，漢字で答え
　　なさい。（　　　　）

問3　③の空らんにあてはまる，武器を持つことを禁じ没収することをあらわす語句は何ですか，
　　漢字で答えなさい。（　　　　）

問4　④について，この乱の舞台となった天草市は現在のどこの県にありますか，漢字で答えなさ
　　い。（　　　県）

問5　⑤について，この条約と後の日米修好通商条約でともに開かれた港はどこですか，漢字で答
　　えなさい。（　　　　）

問6　⑥について，日本はどの国と同盟を結んでいたことを理由としてこの戦争に参戦しましたか，
　　カタカナで答えなさい。（　　　　）

問7　⑦について，この年に行われていた戦争でこの条約に最も関係が深い戦争は何ですか，漢字
　　で答えなさい。（　　　戦争）

問8　次のア～オは，どの時期に起こったできごとですか，年表の中のA～Gから1つずつ選び，
　　記号で答えなさい。なお，同じ記号を何回答えてもかまいません。

　　　ア（　　　）　イ（　　　）　ウ（　　　）　エ（　　　）　オ（　　　）

　　ア．全国水平社や新婦人協会が結成され，さまざまな運動が活発になった。

　　イ．元が2度にわたって日本を攻め，九州北部で戦いが行われた。

　　ウ．議会を中心とする政治を求め，自由民権運動が始まった。

　　エ．中国と関係をつくりすぐれた文化を学ぶため，遣隋使が送られた。

　　オ．財政を立て直すことを中心に，享保の改革が行われた。

6　《最新の入試問題から》　次の会話文を読んで，あとの問いに答えなさい。　　　　（神戸海星女中）

先生：今日は，日本の古代・中世・近世について調べたことを，班ごとに発表してください。

湯川：1班は，古代の人々の生活について調べました。まず，縄文時代の人々は，たて穴住居という家に住み，動物の骨や石や土などから必要な道具や器をつくりました。

江崎：このころは，食料として食べたあとの貝がらや動物の骨を，住居の近くに穴を掘って捨てました。そのため，当時の住居跡の近くから，貝がらや動物の骨などが発掘されています。こうした遺跡を（　1　）といいます。

小柴：弥生時代には，米づくりが西日本を中心として広がっていきました。(a)身近な材料から必要な農具もつくられました。米づくりが始まったころは，直接水田に籾（種）をまきましたが，生産性が低かったため，弥生時代中期には，現在と同じように，別の場所で育てた苗を水田に植える田植えという方法も始まりました。

先生：直接籾（種）を田にまくということであれば，2003年に（　2　）県の庄内平野で，農作業の簡略化のため，「乾田じかまき」が始まりました。これは，水を張らない田に直接籾（種）をまき，苗が少し成長してから水を入れる方法です。

湯川：弥生時代に話を戻していいですか。このころには，土地や水，蓄えた食料などをめぐり，むらどうしで争いが起こるようになりました。中国の歴史書には，当時の日本で争いが絶えなかったことや，（　3　）の女王卑弥呼が，その争いを終わらせたことなどが書かれています。

江崎：(b)奈良時代の農民は，国からあたえられた土地を耕し，税として米を納めました。その他にも，特産物を税として納めたり，都や北九州の守りについたりするなど，農民の負担は重いものでした。

先生：よく調べてきました。次の班の人，発表してください。

佐藤：はい。2班は，中世の文化について調べました。平安時代の貴族社会では，儀式や年中行事がさかんに行われていました。

川端：このころ，漢字からできた「かな文字」を使うようになりました。とくに朝廷に仕える女性たちは，多くの文学作品をつくりました。遣唐使が廃止になったことの影響もあり，(c)美しく，はなやかな日本風の文化が生まれました。

大江：(d)鎌倉時代には，絵巻物が全盛期をむかえ，竹崎季長の活躍を描いた(e)『蒙古襲来絵詞』などの合戦絵巻が多くつくられました。

佐藤：このころには仏像彫刻もさかんとなり，東大寺南大門の金剛力士像などがつくられました。

大江：室町時代の文化としては，建築では金閣や銀閣が有名です。また，絵画では雪舟が多くの水墨画（墨絵）を描きました。

先生：よく調べました。最後の班の人，発表してください。

田中：私たち3班は，近世の制度について調べました。幕府が大名を支配するために出した武家諸法度には参勤交代の制度が定められています。

山中：また，幕府は同じころ，九州で発生した天草四郎を中心に発生した一揆を平定し，さらにきびしく（　4　）の信者を取り締まるとともに，貿易を制限する制度も定めました。

本庶：こうして，日本は鎖国の状態となり，これ以降，（　5　）年あまり国を閉ざす状態が続くこと

になりました。

先生：みんなよく調べました。ところで，本庶さんは，2018 年に，がんの治療に役立つ技術を開発したことで（ 6 ）を受賞した人と同姓ですが，親戚ですか。

本庶：いいえ，ちがいます。

先生：そうですか。他の発表者も（ 6 ）の受賞者と同姓ですが，親戚の人はいますか。

湯川：私は親戚ではありませんが，日本で初めてこの賞を受賞した湯川秀樹さんと同姓同名です。

問1　文中の（ 1 ）・（ 2 ）にあてはまる語句の組み合わせとして正しいものを次の中から選び，記号で答えなさい。（　　　）

　　ア．1―貝塚　　2―宮城　　イ．1―貝塚　　2―山形　　ウ．1―古墳　　2―宮城

　　エ．1―古墳　　2―山形

問2　文中の（ 3 ）・（ 4 ）にあてはまる語句の組み合わせとして正しいものを次の中から選び，記号で答えなさい。（　　　）

　　ア．3―邪馬台国　　4―キリスト教　　　イ．3―邪馬台国　　4―仏教

　　ウ．3―ヤマト朝廷　　4―キリスト教　　　エ．3―ヤマト朝廷　　4―仏教

問3　文中の（ 5 ）・（ 6 ）にあてはまる数字と語句の組み合わせとして正しいものを次の中から選び，記号で答えなさい。（　　　）

　　ア．5―200　　6―国民栄誉賞　　イ．5―200　　6―ノーベル賞

　　ウ．5―300　　6―国民栄誉賞　　エ．5―300　　6―ノーベル賞

問4　下線部(a)の農具として正しいものの組み合わせを次の中から選び，記号で答えなさい。

（　　　）

　　ア．石包丁・田下駄　　イ．石包丁・木簡　　ウ．備中鍬・田下駄　　エ．備中鍬・木簡

問5　下線部(b)について，次の文中の（ 7 ）にあてはまるものを下のア〜エの中から選び，記号で答えなさい。（　　　）

　　（ 7 ）の初めから（ 7 ）の末までを奈良時代といいます。

　　ア．6世紀　　イ．7世紀　　ウ．8世紀　　エ．9世紀

問6　下線部(c)の文化を何といいますか。**漢字4字**で答えなさい。□□□□

問7　下線部(d)について，源氏の将軍が絶えると，朝廷は鎌倉幕府を滅ぼそうと反乱を起こしました。このとき，尼将軍とよばれた人物の説得により，多くの御家人が幕府側に味方をしました。尼将軍とは誰のことですか。（　　　）

問8　下線部(e)について，この絵に描かれている戦いで，日本の御家人が元軍に苦戦した理由として考えられることを次の中から1つ選び，記号で答えなさい。（　　　）

　　ア．元軍が鉄砲や大砲などの火器兵器を使用したこと。

　　イ．元軍が黒船とよばれる軍艦を使用したこと。

　　ウ．元軍が神風を利用したこと。

　　エ．元軍が集団戦法をとったこと。

1 ≪三権分立①≫　次の図と文章を参考にして，あとの(1)～(4)の問いに答えなさい。

(京都教大附桃山中)

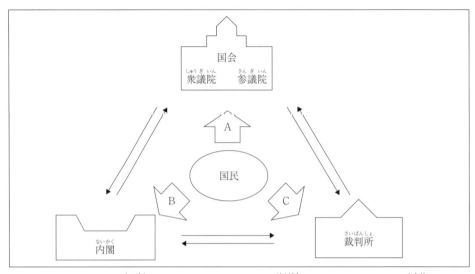

　民主政治の基本は，国民主権です。そして民主政治は憲法をはじめとする法に従い，議会を通じて行われます。政治の働きは，国会，内閣，裁判所が持つ，①それぞれの権力が強くなりすぎないように，たがいに確認し合う仕組みになっています。これを三権分立と呼びます。

(1)　国会，内閣，裁判所が持つ三権のうち，裁判所が持つ権力を何というか，答えなさい。

（　　　　　）

(2)　国会の仕事について，あやまっているものを，次の(ア)～(エ)から1つ選んで，記号で答えなさい。

（　　　　　）

(ア)　法律を定める　　　(イ)　外国と条約を結ぶ　　　(ウ)　裁判所の裁判官を裁判する

(エ)　国の予算を決める

(3)　図のCは，最高裁判所の裁判官が適任かどうか投票を行い，やめさせたほうがよいとする票が多数を占めた裁判官は，やめさせられるという制度である。この制度を何というか，答えなさい。

（　　　　　）

(4)　下線部①について，国の権力を分けていないと，どのような心配があるか。具体的な例を挙げて答えなさい。

（　　　　　　　　　　　　　　　　　　　　　　　　　　　　　　　）

2 ≪三権分立②≫　次の文章を読んで，あとの問1～問5に答えなさい。　　　　(清風中)

　参議院は衆議院とともに国権の最高機関として，また唯一の立法機関として，①内閣や②裁判所と同様に③国の政治において重要な役割を担っています。④2022年7月には参議院議員選挙がおこなわれ，国民の政治的意思が示されました。参議院は「良識の府」とも呼ばれるように，法案を

より長期的に審議することが可能となっています。一方で，ときには参議院選挙をきっかけに，参議院と衆議院とで与党と野党の議席数が逆転し，いわゆる「⑤ねじれ国会」が出現することもありました。最近では2007年から2009年，2010年から2013年にかけておこっています。この「ねじれ国会」については，法律の成立をさまたげたとする見方と，政治に緊張感がもたらされ，これまでの政治や行政の問題点が明らかにされたとする見方があります。

問1　下線部①に関連して，内閣や国務大臣について説明した文として**適当でないもの**を，次のア～エから一つ選び，記号で答えなさい。（　　　）

　　ア　内閣は国会で可決された予算や法律にもとづいて政治をおこないます。

　　イ　内閣総理大臣と国務大臣で閣議は開かれます。

　　ウ　国会議員以外の民間人は国務大臣になることはできません。

　　エ　内閣不信任決議が可決された場合，内閣は，衆議院の解散を決めることができます。

問2　下線部②に関連して，日本では裁判の判決に納得できないときは，上級の裁判所に訴えることができるしくみとなっています。第一審の地方裁判所での刑事裁判の判決に不服があった場合，被告人はどのような行動を取ることができますか。「第二審」という語句を用いて**20字前後**で答えなさい。（　　　　　　　　　　　　　　　　　　　　　　）

問3　下線部③に関連して，近年，日本では二つの海洋を結び付け，自由で開かれたものとすることで，国際社会の平和と安定・繁栄をめざすという外交方針を採用しています。この二つの海洋の組み合わせとして正しいものを，次のア～カから一つ選び，記号で答えなさい。（　　　）

　　ア　大西洋―太平洋　　　イ　大西洋―北極海　　　ウ　大西洋―インド洋

　　エ　太平洋―北極海　　　オ　太平洋―インド洋　　　カ　北極海―インド洋

問4　下線部④について説明した文として正しいものを，次のア～エから一つ選び，記号で答えなさい。（　　　）

　　ア　6年ぶりに参議院議員選挙がおこなわれました。

　　イ　インターネットを利用した選挙活動がおこなわれました。

　　ウ　投票率は40％を下回りました。

　　エ　18歳未満の高校生でも立候補することができました。

問5　下線部⑤に関連して，次の図は「ねじれ国会」の状況で，ある法案を衆議院と参議院で採決した結果を模式的に表したものです。この法案のその後（図中白抜き矢印）の展開として最も適当なものを，あとのア～エから一つ選び，記号で答えなさい。ただし，両院協議会は開かれないものとします。（　　　）

　　ア　この法案の成立には，衆議院での再可決を必要とします。

　　イ　この法案の成立には，参議院での再可決を必要とします。

　　ウ　この法案の成立には，委員会での可決を必要とします。

　　エ　この法案の成立には，公聴会での可決を必要とします。

③　≪選挙と政治≫　次の文章を読んで，下の問に答えなさい。　　　　　　　　（三田学園中）

日本をもっと暮らしやすい国にするために，私たちに何ができるでしょうか。

例えば，選挙を通じて私たちの意見や願いを政治に反映させることが可能です。①2022年7月10日には全国で　A　選挙が実施されました。日本では　B　歳以上の全国民に選挙権が認められています。しかし，投票率は52.05％と，過去4番目の低さでした。投票率を上げるためにどのような方法があるのかを考える必要がありそうです。

国政選挙で選ばれた人は，②国会で話し合いを行います。特に③予算を決めることが大切な仕事です。私たちには④税金を納める義務がありますが，その税金がどのように使われているのか，関心をもつ必要がありそうです。また，日本では国会議員の中から内閣の長である　C　が選ばれ，各省などの長である　D　を任命することができます。　C　は私たちにとって身近な存在であった方がいいですが，一方でプライバシーや安全面についてどのように配慮されるべきかを考える必要があるかもしれません。

問1　空らん　A　にあてはまる語句を漢字三文字で答えなさい。（　　　　）

問2　空らん　B　にあてはまる数字を答えなさい。（　　　　）

問3　空らん　C　にあてはまる語句を漢字六文字で答えなさい。（　　　　）

問4　空らん　D　にあてはまる語句を答えなさい。（　　　　）

問5　下線部①について，この時点での行政の長として正しい人物を，次のア～エの中から1つ選び，記号で答えなさい。（　　　　）

　ア．岸田文雄　　　イ．菅義偉　　　ウ．安倍晋三　　　エ．野田佳彦

問6　下線部②について，国会の主な仕事として**適切でないもの**を，次のア～エの中から1つ選び，記号で答えなさい。（　　　　）

　ア．外国と結んだ条約を承認する。　　　イ．内閣総理大臣を指名する。

　ウ．国の法律を決める。　　　　　　　　エ．最高裁判所の長官を指名する。

問7　下線部③について，次のグラフは，1985年度と2020年度のわが国の予算（歳入）をあらわしたグラフです。この2つのグラフから読みとれる説明として**誤っているもの**を，あとのア～エの中から1つ選び，記号で答えなさい。（　　　　）

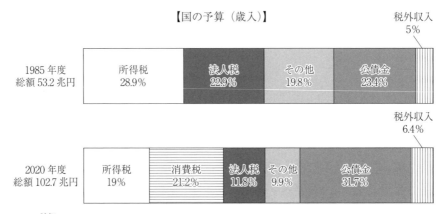

【国の予算（歳入）】

税外収入 5%

1985年度
総額53.2兆円

| 所得税 28.9% | 法人税 22.9% | その他 19.8% | 公債金 23.4% |

税外収入 6.4%

2020年度
総額102.7兆円

| 所得税 19% | 消費税 21.2% | 法人税 11.8% | その他 9.9% | 公債金 31.7% |

（注）　公債金とは国の借金のことです　　　　出典：浜島書店『新しい公民』国の予算より作成

ア．1985 年度は存在しなかった新たな税が，2020 年度には存在する。

イ．1985 年度から 2020 年度にかけて，借金の割合が増加している。

ウ．1985 年度から 2020 年度にかけて，所得税・法人税ともに割合が減少している。

エ．1985 年度から 2020 年度にかけて，所得税の金額はおおきく減っている。

問8　下線部④について，残り二つの国民の義務のうち，どちらか 1 つを答えなさい。

（　　　　　　）

---

④　≪憲法と政治≫　次の文章は日本国憲法の条文の一部です。日本国憲法や日本の政治のしくみについて，あとの問いに答えなさい。

（立命館守山中）

> 第4条①　天皇は，この憲法の定めるₐ国事に関する行為のみを行ひ，国政に関する権能を有しない。
>
> 第9条①　日本国民は，正義と秩序を基調とする（　あ　）を誠実に希求し，国権の発動たる戦争と，（　い　）による威嚇又は（　い　）の行使は，（　う　）を解決する手段としては，永久にこれを放棄する。
>
> 第11条　国民は，すべてのᵦ基本的人権の享有を妨げられない。この憲法が国民に保障する基本的人権は，侵すことのできない永久の権利として，現在及び将来の国民に与へられる。
>
> 第13条　すべて国民は，個人として尊重される。生命，自由及びᴄ幸福追求に対する国民の権利については，（　d　）に反しない限り，立法その他の国政の上で，最大の尊重を必要とする。
>
> 第41条　ₑ国会は，国権の最高機関であつて，国の唯一の立法機関である。
>
> 第65条　行政権は，ᶠ内閣に属する。
>
> 第76条①　ᵍすべて司法権は，最高裁判所及び法律の定めるところにより設置する下級裁判所に属する。
>
> 第92条　ₕ地方公共団体の組織及び運営に関する事項は，地方自治の本旨に基いて，法律でこれを定める。

問1　文章中の下線部 a の内容として**まちがっているもの**を，次のア～エから 1 つ選び，記号で答えなさい。（　　　）

ア　憲法改正の発議　　イ　法律の公布　　ウ　国会の召集　　エ　内閣総理大臣の任命

問2　文章中の（　あ　）～（　う　）にあてはまる語句の組み合わせとして正しいものを，次のア～エから 1 つ選び，記号で答えなさい。（　　　）

ア　あ―国際紛争　　い―武力　　う―国際平和

イ　あ―国際紛争　　い―戦力　　う―国際平和

ウ　あ―国際平和　　い―武力　　う―国際紛争

エ　あ―国際平和　　い―戦力　　う―国際紛争

問3　文章中の下線部 b の 1 つに自由権があります。自由権のうち，経済活動の自由にあてはまる

ものを，次のア～エから1つ選び，記号で答えなさい。（　　　）

ア　思想，良心の自由　　イ　居住，移転，職業選択の自由　　ウ　集会，結社，表現の自由

エ　学問の自由

問4　文章中の下線部cにもとづいて，近年，憲法に規定されていない新しい権利が主張されるようになりました。新しい権利のうち，個人情報や私生活の様子などの情報を，みだりに公表されない権利を何といいますか。（　　　）

問5　文章中の（　d　）にあてはまる，「社会全体の利益」を意味する語句を答えなさい。（　　　）

問6　文章中の下線部eについて，次の問いに答えなさい。

(1)　毎年1回1月に召集され，150日間の会期で開かれる国会を何といいますか。（　　　）

(2)　次の資料1は，2021年に行われた衆議院議員総選挙の，小選挙区の議員一人あたりの有権者数が最も多い3区と最も少ない3区について，鳥取1区と比べた有権者数の格差をまとめたものです。資料1を見て，衆議院議員総選挙における問題点を説明しなさい。

（　　　　　　　　　　　　　　　　　　　　　　　　　　　　　　　　　　　　　　　）

資料1

選挙区	有権者数(人)	格差(倍)	選挙区	有権者数(人)	格差(倍)
東京13区	482445	2.086	鳥取1区	231313	1.000
東京10区	482214	2.085	鳥取2区	234822	1.015
東京9区	480926	2.079	長崎3区	237188	1.025

（2021年第49回衆議院議員総選挙小選挙区）

（総務省資料）

問7　文章中の下線部fについて，次の問いに答えなさい。

(1)　右の資料2は，内閣のしくみを示したものです。資料2中のXにあてはまる，医療や年金などの社会保障制度や労働問題などをあつかう省の名前を答えなさい。（　　　省）

資料2

防衛省	環境省	国土交通省	経済産業省	X省	農林水産省	文部科学省	財務省	外務省	法務省	総務省

(2)　内閣が行う仕事として正しいものを，次のア～エから1つ選び，記号で答えなさい。（　　　）

ア　条約を承認する。　　イ　法律を制定する。　　ウ　法律の違憲審査を行う。

エ　予算を作成・提出する。

問8　文章中の下線部gについて，次の問いに答えなさい。

(1)　くじで選ばれた国民が裁判官とともに刑事裁判に参加して，有罪か無罪かなどをきめる制度を何といいますか。（　　　制度）

(2)　最高裁判所の裁判官は，任命後，最初に行われる衆議院議員総選挙（その後は10年をすぎて最初に行われる衆議院議員総選挙ごと）の際に▢▢▢▢を受けなければならないと，日本国憲法で定められています。▢▢▢▢にあてはまる語句を，漢字4字で答えなさい。▢▢▢▢

問9　文章中の下線部hについて，地方公共団体の1つである市で，市長選挙に立候補できるのは何歳以上の人ですか。あてはまるものを，次のア～エから1つ選び，記号で答えなさい。（　　　）

ア　18歳以上　　イ　20歳以上　　ウ　25歳以上　　エ　30歳以上

5 ≪フィールドワークと地方自治≫ 次の文章を読み，あとの問い（問1〜5）に答えなさい。

（清風南海中）

　清南市にある市立図書館は5年前に新しく建てかえられた。多くの蔵書があるだけでなく，読書スペースも広く用意されていて，日頃から多くの市民に利用されている。小学6年生の風間さんと海野さんは，この市立図書館がどのようにして設置されたのかに興味を持ち，市役所で(a)取材をすることにした。〔資料1〕はそのときの風間さんの取材メモである。また2人は図書館でも取材をし，図書館の人から，昨年度に来館した人を年代別に分けた「年代別来館者割合」（〔資料2〕）と，貸し出された本の数を年代別に分けた「年代別貸出年間本数」（〔資料3〕）を教えてもらった。2人はこれから，(b)市議会との関わりについても詳しく調べ，まとめたことをクラスで発表しようと思っている。

風間さんの取材メモ

① 読書スペースを広くして欲しいという要望が，市長の元に届けられたことがきっかけで検討が始められた。

② 計画案の作成には，地域の学校の先生や保護者の代表者なども加わった委員会が設置された。

③ 図書館では図書の貸し出しだけでなく，子どもへの絵本の読み聞かせ会が定期的に開かれている。

④ 建設のための予算は市議会で案が作られた後，市役所の話し合いによって決定された。

⑤ 建設にはたくさんのお金が必要なので，国や都道府県から補助金をもらっている。

〔資料1〕

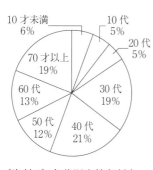

〔資料2〕年代別来館者割合

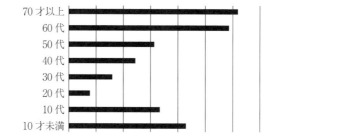

〔資料3〕年代別貸出年間本数（一人あたり平均）

問1 〔資料1〕の取材メモの中には，明らかに聞き間違えて書いたと思われるものが1つある。①〜⑤のうちから1つ選び，記号で答えなさい。（　　　）

問2 風間さんと海野さんの2人は，〔資料2〕・〔資料3〕をもとにクラスで発表することになった。発表する内容として最も適当なものを，次のア〜エのうちから1つ選び，記号で答えなさい。

（　　　）

ア．年代別来館者割合では「50代」以上が過半数を占めている。

イ．年代別来館者割合が最も高い年代は，年代別貸出年間本数の一人あたり平均においても最も

多い。

ウ．「20代」以上の年代別貸出年間本数の一人あたり平均では，年代が高くなるにつれて本数も多くなっている。

エ．年代別貸出年間本数の一人あたり平均において，「10才未満」は「40代」よりも少なくなっている。

問3　下線部(a)について，取材をするときに気をつけなければならないこととして適当なものを，次のア〜オのうちからすべて選び，記号で答えなさい。（　　　）

ア．調べたい内容を事前に電話などで伝え，取材できるかを確認する。

イ．相手の都合を聞いた上で，訪ねる日時を決め，取材に行く人数を伝えておく。

ウ．事前に質問項目を用意しておき，その場で思いついた質問はしてはならない。

エ．相手の話を正しく聞き取ることが大切なので，相手の同意がなくても録音するようにする。

オ．取材のあとは，相手の仕事の迷惑になるので，手紙やメールでお礼を伝えてはならない。

問4　下線部(b)について，市議会と国会の違いを述べた文として正しいものを，次のア〜エのうちから1つ選び，記号で答えなさい。（　　　）

ア．住民が市議会議員を辞めさせるための直接請求をすることはできるが，国民が国会議員を辞めさせるための直接請求をすることはできない。

イ．国会は衆議院・参議院ともに，本会議を傍聴することが出来るが，市議会を傍聴することは出来ない。

ウ．国会議員を選ぶ選挙で投票できる年齢は18才以上であり，市議会議員を選ぶ選挙で投票できる年齢は20才以上である。

エ．市議会議員も参議院議員も任期は6年であるが，衆議院議員の任期は4年である。

問5　日本国憲法には地方自治について書かれた条文がある。次の条文中の空らんに入る語句を漢字で答えなさい。（　　　）

第94条
　地方公共団体は，その財産を管理し，事務を処理し，及び行政を執行する権能を有し，法律の範囲内で（　　　）を制定することができる。

6　≪新聞記事の内容から≫　以下の記事は，朝日小学生新聞『ニュースおぼえているかな2021』の記事（2021年11月25日発行）です。これを見て，あとの問いに答えなさい。　　　（高槻中）

コロナや経済対策，与党に信任

岸田政権はじまる　「新しい資本主義を」

自民党は9月29日，党の新しいトップを決める総裁選挙を行いました。当時の総裁で首相だった菅義偉さんは立候補せず，岸田さんと河野太郎さん，高市早苗さん，野田聖子さんの4人で争われました。①自民党総裁に複数の女性候補者が出たのは初めてです。

岸田さんは②「多様な声を受け止める寛容な政治」をうったえて，新総裁に選ばれました。任期は3年です。これを受けて10月4日の　A　で，岸田さんが第100代首相に　B　され，新政権が

始動しました。

岸田政権は，力を入れる政策として「新しい資本主義」をかかげます。貧富の格差を減らすため，温暖化対策やデジタル分野で経済を成長させ，その利益をみんなで分けて次の成長につなげる好循環を目指すと言います。

また岸田首相は，被爆地・ C で選ばれている衆議院議員です。まだ日本が批准していない D とどう向き合うかも注目されます。

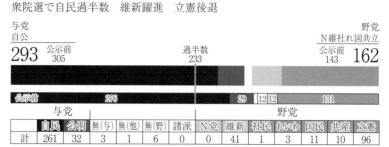

衆院選で自民過半数　維新躍進　立憲後退

	計	自民	公明	無(与)	無(他)	無(野)	諸派	N党	維新	社民	れいわ	国民	共産	立憲
	計	261	32	3	1	6	0	0	41	1	3	11	10	96

・「公示前」は選挙前の議席数（欠員4，希望の不出馬1人は除く）
・当選者には無所属からの追加公認をふくむ。無所属は与党系，野党系，その他に分類

岸田首相は，衆議院議員の任期が10月21日で終わるのをひかえた14日に衆議院を E しました。総選挙は19日公示，31日に投開票されました。任期をこえてからの投開票は，今の憲法になって初めてです。

衆議院議員の定数は465議席。③任期は4年です。総選挙では，自公の政権運営の姿勢がどうだったかや，新型コロナウイルスの影響で傷ついた経済をどう立て直すかなどが問われました。結果は，自民党が261議席を獲得し， F 。公明党は32議席に増やしました。④野党は，立憲民主党を中心に共産党など5党が共闘。多くの小選挙区で立候補者を一人にまとめました。立憲民主党は野党共闘のおかげで小選挙区で議席を増やしますが，それ以上に比例区で減らし，96議席に後退しました。共闘しなかった日本維新の会は41議席と大幅に伸ばしました。

小選挙区の投票率は55.93％でした。2017年の前回からは上がりましたが，戦後3番目の低さでした。⑤総選挙での信任を得て11月10日，第二次岸田内閣がスタートしました。

問1　空らんA・Bに入れる語句の組み合わせとして正しいものを次の㋐～㋓から1つ選び記号で答えなさい。（　　　　）

㋐　A：通常国会　　B：指名　　㋑　A：通常国会　　B：任命

㋒　A：臨時国会　　B：指名　　㋓　A：臨時国会　　B：任命

問2　空らんC・Dに入れる語句の組み合わせとして正しいものを次の㋐～㋓から1つ選び記号で答えなさい。（　　　　）

㋐　C：広島　　D：難民条約　　㋑　C：広島　　D：核兵器禁止条約

㋒　C：沖縄　　D：難民条約　　㋓　C：沖縄　　D：核兵器禁止条約

問3　空らんEに入る語句を漢字2字で答えなさい。（　　　　）

問4　空らんFに入る文章として正しいものを次の㋐～㋓から1つ選び記号で答えなさい。

（　　　　）

(あ)　公示前よりも増やしましたが，野党第一党の立憲民主党も議席を増やしました

(い)　公示前よりも増やしましたが，公明党との連立は変えませんでした

(う)　公示前よりは減らしましたが，同じ与党の日本維新の会は議席を増やしました

(え)　公示前よりは減らしましたが，単独で過半数を守りました

問5　下線部①について，日本では，女性の内閣総理大臣が誕生したことはありません。以下のうち，行政府の長に女性が就任したことのある国として正しいものを次の(あ)〜(え)から1つ選び記号で答えなさい。（　　　）

(あ)　アメリカ　　(い)　ドイツ　　(う)　ロシア　　(え)　中国

問6　下線部②について，多様な声を受け止めるためには，憲法第14条にある概念が欠かせません。以下の憲法条文の（　　）内にあてはまる語句を漢字2字で答えなさい。（　　　　）

> 第一四条①
> すべて国民は，法の下に平等であって，人種，（　　），性別，社会的身分又は門地により，政治的，経済的又は社会的関係において，差別されない。

問7　下線部③について，衆議院議員の任期について述べた文として正しいものを次の(あ)〜(え)から1つ選び記号で答えなさい。（　　　）

(あ)　自民党総裁と参議院議員の任期よりも短い。

(い)　自民党総裁の任期よりは短いが，参議院議員の任期よりは長い。

(う)　自民党総裁の任期よりは長いが，参議院議員の任期よりは短い。

(え)　自民党総裁と参議院議員の任期よりも長い。

問8　下線部④について，野党がこのような共闘をした理由は何ですか。20字以上30字以内で簡潔に答えなさい。

問9　下線部⑤について，選挙で投票できる年齢が満20歳以上から満18歳以上に引き下げられましたが，これはある法律を改正して成立しました。この法律の名前を漢字5字で答えなさい。

（　　　　）

7　《少子高齢化》　次の文章を読んで，あとの各問いに答えなさい。　　　（関西大学中）

日本ではいま，少子高齢化が急速に進んでいます。高齢化の程度を示すものとして，（　A　）才以上の人口の総人口に占める割合が用いられています。この割合が7％をこえた社会を高齢化社会，14％をこえた社会を高齢社会と呼びます。日本では，1970年に7％をこえ，1994年に14％をこえました。日本では①少子化も進んでいますが，②少子高齢化は，社会保障に対しても大きなえいきょうを与えることから大きな問題とされています。

特に日本では，少子高齢化の対応として，40才以上の加入が義務づけられている（　B　）保険制度と後期高齢者医療制度が導入されています。

また，世界に目を向けると世界の人口は，20世紀の後半に急増し，2012年に70億人を突破しました。今後，2040年代には90億人をこえると推計されています。

(1) 文中の（ A ）・（ B ）にあてはまる数字や語句をそれぞれ答えなさい。

　　A（　　　　） B（　　　　　）

(2) 下線部①に関して，2021年現在で一人の女性が一生の間に産む子どもの数は，平均してどのくらいですか，次のア～エから１つ選び，記号で答えなさい。（　　　　）

　　ア　0.80　　イ　1.30　　ウ　1.80　　エ　2.30

(3) 下線部②に関して，下のグラフⅠ・Ⅱを参考にどのようなえいきょうが生じると考えられますか，60字以内で説明しなさい。

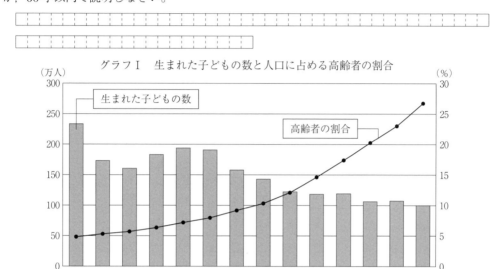

グラフⅠ　生まれた子どもの数と人口に占める高齢者の割合

（総務省，厚生労働省資料により作成）

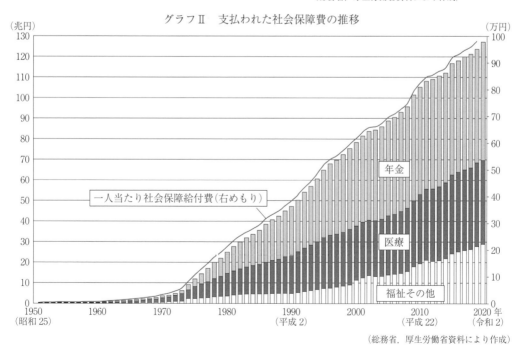

グラフⅡ　支払われた社会保障費の推移

（総務省，厚生労働省資料により作成）

8　≪最新の入試問題から≫　日本の憲法について，次の文章を読み，あとの問いに答えなさい。

（立命館中）

　日本国憲法は，日本の最高法規です。日本国憲法の構成は，「政治のきまり」と「人権の保障のきまり」の二つに分けられます。政治のきまりでは，a国の権力を異なる機関に分け，たがいに監視させています。このような政治を行う機関に対し，国民はそれぞれに働きかけています。また，政治に参加する権利を参政権といい，b基本的人権として保障されています。さらに，近年，時代の流れの中で「c新しい人権」が認められるようになり，憲法で保障されている幸福追求権などを根拠に唱えられています。

(1)　下線部 a について，次の問いに答えなさい。

　①　右の図は，政治のしくみを示しています。図のような，国の権力の集中を防ぎ，国民の自由を守るためのしくみを何といいますか。（　　　　）

　②　国の権力について述べた次の文のうち，誤っているものを，次のア〜エから一つ選び，記号で答えなさい。（　　　　）

　　ア　内閣は国会に対して，国会の召集・衆議院の解散を行うことができる。

　　イ　国会は裁判所に対して，法律の違憲審査を行うことができる。

　　ウ　国会は内閣に対して，内閣総理大臣の指名・内閣不信任決議を行うことができる。

　　エ　裁判所は内閣に対して，命令・規則・処分の適法性の審査を行うことができる。

(2)　下線部 b について，日本国憲法が保障する人権の説明として誤っているものを，次のア〜エから一つ選び，記号で答えなさい。（　　　　）

　　ア　だれでも自分が信じたい宗教を信じる自由があり，また，宗教を信じない自由もある。

　　イ　刑事裁判で有罪とされ刑務所に服役している人が，裁判のやり直しによって無罪となった場合は，国に補償を求めることができる。

　　ウ　病気やけが，失業などによって生活が苦しいときには，生活保護を受給することができる。

　　エ　労働条件の改善を求めるために，公務員を含めたすべての労働者は，労働組合を結成し，ストライキを行うことができる。

(3)　下線部 c について，次の文章は，「新しい人権」をめぐるできごとを説明したものです。文章中の　　　　に共通してあてはまる語句を答えなさい。（　　　　）

　　小説『宴のあと』の主人公のモデルであった政治家の A（仮名）は，自分の　　　　が侵害されたとして，作者の三島由紀夫と出版社を相手取り，裁判を起こした。裁判所は判決の中で「私生活をみだりに公開されない権利」として　　　　の権利を認めた。また，近年では　　　　の権利は自己に関する情報をコントロールする権利とも解釈されている。

10 国際社会

1 ≪戦後日本のあゆみ≫ 次の文章を読んで，あとの問いに答えなさい。 (同志社国際中)

第二次世界大戦後，世界の（ あ ）を守るための組織として，①国際連合がつくられました。しかし，②アメリカとソビエト連邦の2つの大国は，激しく対立していました。（ い ）とされていたアジアやアフリカの国ぐには次々に独立し，世界は大きく変わっていきました。

1951年，アメリカの（ う ）で講和会議が開かれ，日本は48か国と平和条約を結び，翌年，独立を回復しました。

平和条約と同時に，③日米安全保障条約が結ばれ，日本各地の軍事施設に，アメリカ軍が引き続きとどまることになりました。沖縄，奄美諸島，小笠原諸島は，アメリカ軍が治めることとされました。

④ソ連とは，1956年に，国交が回復しました。しかし，ソ連は日本の領土の（ え ）群島，色丹島，国後島，（ お ）島を返還しませんでした。

その後，日本はアメリカと経済などの面で強く結びつきながら，⑤産業を発展させていきました。 (『社会6』光村図書出版株式会社より作成)

問1 文中の（ あ ）～（ お ）について。

(1) （ あ ）と（ い ）にあてはまる適切な語句を次の(ア)～(オ)からそれぞれ選んで，記号で答えなさい。あ（   ）い（   ）

(ア) 連合国　(イ) 植民地　(ウ) 信託統治領　(エ) 平和　(オ) ブロック経済

(2) （ う ）～（ お ）にあてはまる適切な地名を答えなさい。

う（   ）え（   ）お（   ）

問2 下線部①について。

(1) 国際連合の主要機関のなかで，戦争を防いだり，国どうしが調停を結ぶ仲立ちをするなどの役割をになっている組織の名前を答えなさい。（   ）

(2) (1)の組織は15か国で構成されていて，その15か国は2つのグループに分類することができます。その2つのグループを区別する基準は主に2つあります。ひとつは「拒否権があるかないか」であり，もうひとつは「 A があるかないか」です。 A にあてはまる語句を答えなさい。また， A がある国ぐにを何とよびますか。答えなさい。

A（   ） A がある国ぐに（   ）

(3) 国連分担金とは，国連憲章上，加盟国が負担することが義務づけられている国連の活動を実施するための経費のことです。右の表は国連分担金の多い国の上位5か国です。第2位の B の国と第4位の C の国の名前を次の(ア)～(オ)からそれぞれ選んで，記号で答えなさい。B（   ） C（   ）

(ア) サウジアラビア　(イ) カナダ　(ウ) 中華人民共和国
(エ) ドイツ　　　　　(オ) イタリア

順位	国名
1	アメリカ合衆国
2	B
3	日本
4	C
5	イギリス

(外務省「2020～2022年
国連通常予算分担率・分担金」より作成)

(4)　次の国際連合の各機関について，その機関の活動内容をあらわす適当な文をあとの㋐～㋔からそれぞれ選んで，記号で答えなさい。

UNHCR（　　　）　　　UNICEF（　　　）　　　UNESCO（　　　）

㋐　世界の労働者の労働条件と生活水準の改善を目的とする。

㋑　紛争などで国を追われ，難民となった人びとの安全を守り，生活を支援する。

㋒　紛争地域での道路の補修工事などをおこなう。

㋓　文化遺産の修復活動や保存などをおこなう。

㋔　戦争や食糧不足による飢えなど，厳しいくらしをしている地域の子ども達を助ける。

問3　下線部②について。第二次世界大戦後のこのような両国を中心とした2つのグループの対立を，東西冷戦とよびました。この2つのグループとは基本的には何の違いによって分けられたものですか。簡単に説明しなさい。（　　　　　　　　　　　　　　　　　　　　　　　　）

問4　下線部③について。この条約は1960年に改定されています。この時の改定では，新たにアメリカに日本防衛の義務が課されるなどし，この改定に対して，日本では大規模な反対運動が起きました。それはなぜだと考えられますか。説明しなさい。

（　　　　　　　　　　　　　　　　　　　　　　　　　　　　　　　　　　　　　　）

問5　下線部④について。日本はこのソ連との国交正常化を経て，同年に起きたある出来事によって国際社会に復帰したと考えられます。それはどのような出来事ですか。答えなさい。

（　　　　　　　　　　　　　　　　　　　　）

問6　下線部⑤について。

(1)　その結果日本は，1955年から1973年あたりまでに急速な経済成長をとげました。この期間のことを何とよびますか。答えなさい。また，この期間に起きた日本が急速な経済成長をとげる要因のひとつとなったと考えられる出来事として<u>あてはまらないもの</u>を次の㋐～㋔から1つ選んで，記号で答えなさい。（　　　　）　記号（　　　　）

㋐　東名高速道路が開通したこと。　　　㋑　東京でオリンピックが開催されたこと。

㋒　成田国際空港が開港したこと。　　　㋓　東海道新幹線が開通したこと。

㋔　大阪で万国博覧会が開催されたこと。

(2)　このような急速な産業の発展にともない，有害な物質が大気や水質を汚染し，その結果いくつかの病気が引き起こされました。このような病気のことを何といいますか。答えなさい。また，このような病気が経済成長や科学技術の発展とともに大きな問題になるにつれて，人びとの間では良好な環境で暮らせる環境権が主張されるようになってきました。この環境権の根拠のひとつとなっている日本国憲法第13条とはどのような内容を定めたものですか。次の㋐～㋔から1つ選んで，記号で答えなさい。（　　　病）　記号（　　　　）

㋐　請願権　　㋑　学問の自由　　㋒　法廷手続きの保障　　㋓　生存権　　㋔　幸福追求権

2　≪ユネスコスクールと関連事項≫　みかげさんは，神戸大学附属中等教育学校が「ユネスコスクール」というネットワークに加盟していることに興味を持ち，その設立理念や活動内容について調べました。

（神戸大学附属中等教育学校）

資料1　ASPnet とは？

ASPnet（Associated Schools Network アソシエイテッド スクールズ ネットワーク）は，①ユネスコの理念を学校現場で実践するために 1953 年に発足した，国際的なネットワークです。加盟校同士が活発に交流し，生徒間・教師間で情報や体験を分かち合い，②地球規模の諸問題に若者が対処できるような新しい教育内容や手法の開発，発展が目指されています。（中略）日本では，ASPnet への加盟が承認された学校を，「ユネスコスクール」と呼んでいます。2019 年 11 月現在，国内では 1,120 校の就学前教育・保育施設，小学校・中学校・高等学校及び教員養成系大学等がユネスコスクールとして活動しており，その加盟国数は世界全体の約 1 割を占め，多種多様な活動が行われています。

出典：ASPnet ユネスコスクール Web サイトより一部編集

資料2　ユネスコスクールの使命

ユネスコスクールは，ユネスコの理念や目的を学校のあらゆる面（組織運営や授業，プロジェクト，経営方針など）に位置づけ，児童・生徒の「心の中に平和のとりでを築く」ことを目指しています。また，ユネスコが提唱する教育理念，『学びの 4 本柱』を重視しています。

出典：ASPnet ユネスコスクール Web サイトより

資料3　学びの 4 本柱

知ることを学ぶ	複雑な世界の理解に備え，将来の学習のための基礎を作る
為すことを学ぶ	③グローバル化する経済や社会において機能するためのスキルを身につける
人間として生きることを学ぶ	個人がそれぞれの知的・社会的な可能性を活かせる，バランスのとれた情緒と身体を育む
共に生きることを学ぶ	個人や社会が平和的に共存できるよう，社会のあらゆるレベルでの人権・民主主義・異文化理解と尊重・平和と人間関係に触れる

出典：UNESCO（1996），Learning：the treasure within.に基づき ACCU 作成

問1　下線部①に関して，ユネスコは，ニューヨークに本部を置く組織の一機関であるが，その組織の名前を漢字 4 字で答えなさい。（　　　　）

問2　下線部②に関して，現在，世界では二酸化炭素の排出を減少させるための取組みの一つとして，「再生可能エネルギー」の普及に力を入れています。資料 4 は，日本のある地域で撮影された巨大な太陽光パネル（メガソーラー）の写真です。仮にこのような構造物を建設すると想定した場合，どのようなことに配慮する必要がありますか，自分の考えを述べなさい。

（　　　　　　　　　　　　　　　　　　　　　　）

資料4

出典：川崎市 Web サイトより

問3　下線部③に関して，グローバル化する経済や社会において，近年，AI（人工知能）の発展が注目されています。AI が人々の生活において普及すると，経済や社会にどのような影響が出ると考えられますか。良い影響と悪い影響について解答例以外のものを述べなさい。

良い影響（　　　　　　　　　　　　　　　　　　　　　　　　　　　　　　　　　　　　　　）

　　　悪い影響（　　　　　　　　　　　　　　　　　　　　　　　　　　　　　　　　　）

【解答例】

良い影響	AIを用いて農作業を効率化することができる
悪い影響	AIが小説や音楽を創作できるようになることで，著作権の所在が不明確になる

問4　下線部③に関して，新型コロナウイルス感染症の世界的な拡大は，経済や社会に大きな影響を与えました。新型コロナウイルス感染症の世界的な拡大による経済や社会の仕組みの変化について，解答例のような形で答えなさい。なお，解答例以外のものを答えなさい。

　　　（　　　）

【解答例】　以前は対面での授業が基本であったが，現在では，オンラインの授業も行われるようになった。

3　≪最新の入試問題から≫　2023年は，世界の情勢が大きく変化する1年となりました。これに関してまとめた次の表を見て，あとの問1〜問5に答えなさい。　　　　　　　　　　（西大和学園中）

時期	できごと
4月16日	「脱原発」を進めてきた【あ】において，最後の原発が稼働を終えた。【あ】では，2010年に一度，脱原発の完了時期が延長されたものの，東日本大震災による福島第一原発の事故を受けて政策が見直され，早期の脱原発を目指して改革がおこなわれてきていた。
7月4日	少子化対策の強化をめぐり，こども家庭庁は，新たな「支援金制度」の具体化に向けて，①厚生労働省や財務省など，関係省庁の職員も加わって，準備室を設置した。
8月24日	BRICSが，来年1月から新たに南半球の【い】など6カ国の加盟を認めることを決定した。
9月15日	岸田文雄内閣が，新たな副大臣26人と政務官28人を発表したが，②すべて男性議員で女性は0人であった。同月13日の内閣改造では5人の女性閣僚を起用したが，それとは対照的な構成となった。
10月9日	パレスチナのガザ地区を実効支配するイスラム組織ハマスが，【う】への一斉攻撃を仕掛けたことから，大規模な軍事衝突が始まった。
10月23日	③国際連合の専門機関である国際通貨基金（IMF）は，2023年の日本の名目国内総生産（GDP）が，ドル・ベースで【あ】に逆転されるとの見通しを示した。

問1　【あ】・【い】にあてはまる国の組み合わせとして正しいものを，次のア〜エから1つ選び，記号で答えなさい。（　　　　　）

	あ	い
ア	ドイツ	アルゼンチン
イ	ドイツ	サウジアラビア
ウ	フランス	アルゼンチン
エ	フランス	サウジアラビア

問2　下線部①に関連して，日本の内閣について説明した文として正しいものを，次のア〜エから

1つ選び，記号で答えなさい。（　　　）

ア　18歳以上のすべての国民による選挙で，内閣総理大臣が選出される。

イ　内閣の構成員により開かれる閣議は，多数決を原則としている。

ウ　国会から提出された予算案について，専門委員会で審議をおこなう。

エ　最高裁判所の長官を指名し，そのほかの裁判官を任命する。

問3　下線部②について，2023年6月21日，世界経済フォーラムが，世界各国における男女間の格差に関する調査結果を発表しました。あとの男女平等達成率の国別ランキングを見て，（　　　）にあてはまる国名として正しいものを，次のア～エから1つ選び，記号で答えなさい。（　　　）

ア　ニュージーランド　　イ　スウェーデン　　ウ　中国　　エ　エジプト

順位	国名	⋮	⋮	107	（　　　）
1	アイスランド	36	アルゼンチン	⋮	⋮
2	ノルウェー	⋮	⋮	125	日本
3	フィンランド	40	フランス	⋮	⋮
⋮	⋮	⋮	⋮	129	トルコ
6	ドイツ	43	アメリカ合衆国	130	ナイジェリア
⋮	⋮	⋮	⋮	131	サウジアラビア
15	イギリス	49	シンガポール	⋮	⋮
16	フィリピン	⋮	⋮	143	イラン
⋮	⋮	79	イタリア	⋮	⋮
26	オーストラリア	⋮	⋮	146	アフガニスタン

問4　【　う　】にあてはまる国名を答えなさい。（　　　）

問5　下線部③について，これまでの国際連合の働きについて説明した文として誤っているものを，次のア～エから1つ選び，記号で答えなさい。（　　　）

ア　シリアの紛争によって発生した難民を支援するために，ユニセフが世界中に募金活動を呼びかけた。

イ　教育・科学・文化を通じた国際協力を促進するユネスコが，屋久島を世界遺産に登録した。

ウ　国連気候変動枠組条約を結んだ国や地域による会議で，温室効果ガスの削減目標などが定められた。

エ　安全保障理事会にて，ソ連に対してアフガニスタン侵攻の即時停止を命じることが決議された。

1 ≪円安と関連事項≫　次の会話文を読んで，あとの(1)〜(10)の問いに答えなさい。　（洛南高附中）

しゅう　「昨年（2022年）の春ごろのニュースで①『日本20年ぶりの円安水準』という言葉をよく
　　　　　聞いたんだけど，円安っていったい何なのだろう。」

なつき　「世界の国々には日本の円以外にもいろいろな通貨があって，アメリカのドルやロシアの
　　　　　（　a　）など，円と他の国の通貨とを交換するときの交換比率を（　b　）っていうんだけど，
　　　　　そこで他の国の通貨に比べて円の価値が下がることを円安っていうんだよ。」

しゅう　「じゃあたとえば，1ドル＝100円から1ドル＝50円になることを円安っていうの。」

なつき　「それは違うよ。1ドル＝50円は2ドル＝100円と同じことだから，それだと100円の価
　　　　　値が1ドルから2ドルに上がってしまっているよね。これは円安じゃなくて円高だから，逆
　　　　　に考える必要があるね。」

しゅう　「なるほど，よくわかったよ。ところで，どんなふうになったら円安になるの。」

なつき　「一般的には，多くの人に欲しがられたものは価値が上がり，その逆のことが起こったもの
　　　　　は価値が下がるといわれているんだ。昨年の春ごろの場合だと，日本よりアメリカのほうが，
　　　　　お金を預けたり貸したりするときにつく（　c　）が高くなるとみられていたことから，日本
　　　　　の円を手放してドルを手に入れて，アメリカでお金を預けたほうがもうかると考えた人が多
　　　　　くなったのが，理由の1つだといわれているよ。」

しゅう　「それじゃあ，円安になったら日本にどんな影響があるの。」

なつき　「1ドル＝50円から1ドル＝100円になる場合を例に考えてみようか。アメリカの1ドル
　　　　　相当の商品を円で買うことを考えると，円安になったら買い（　X　）なるよね。そう考える
　　　　　と，円安は日本にとって輸入がし（　Y　）なるということだよね。」

しゅう　「だから日本で（　Z　）したんだ。他方で円安になったら，海外の人は日本のお土産など
　　　　　を買いやすくなるだろうし，日本の観光地は盛り上がりそうだね。たとえば，北海道ニセコ
　　　　　町は自治基本（　d　）を独自のルールとして制定して，住民主体となって地元住民と観光客
　　　　　の両方が満足するまちづくりを行おうとしているみたいだし。」

なつき　「そううまくいけばいいんだけど，実際には②新型コロナウイルス感染症の影響で，まだ
　　　　　まだ海外から多くの観光客を呼ぶのは難しそうだよ。」

しゅう　「そっかあ。これから円安の行方と日本の経済はどうなっていくのだろう。」

なつき　「昨年（2022年）行われた③参議院議員選挙では，④憲法改正，⑤安全保障や⑥財政
　　　　　などに並んで，円安にともなう物価高が主な争点にもなっていたみたいだし，⑦国の政
　　　　　治が日本の経済をどうしていくのか，⑧主権者である私たちがしっかり注目していきたいね。」

(1)　会話文中の（　a　）〜（　d　）にあてはまる語句をそれぞれ答えなさい。

　　　a（　　　）　b（　　　）　c（　　　）　d（　　　）

(2)　会話文中の（　X　）〜（　Z　）にあてはまる語句の組み合わせとしてもっとも適当なものを，次の
　　　ア〜クから1つ選んで，記号で答えなさい。（　　　　）

	X	Y	Z
ア	やすく	やすく	豚肉の価格が値下がり
イ	やすく	やすく	マヨネーズの価格が値上がり
ウ	やすく	にくく	コメの価格が値下がり
エ	やすく	にくく	ガソリンの価格が値上がり
オ	にくく	やすく	豚肉の価格が値下がり
カ	にくく	やすく	マヨネーズの価格が値上がり
キ	にくく	にくく	コメの価格が値下がり
ク	にくく	にくく	ガソリンの価格が値上がり

(3) 下線①について，次のア〜エのグラフのうち，2022年4月〜6月の円とドルとの交換比率の推移（東京市場月中平均）を示したものを1つ選んで，記号で答えなさい。（　　　　）

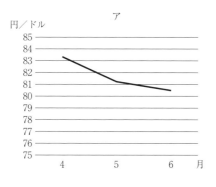

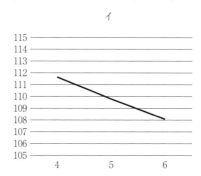

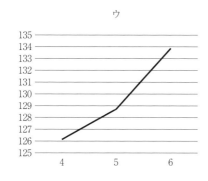

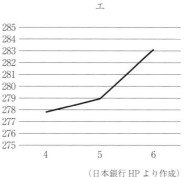

（日本銀行HPより作成）

(4) 下線②について，あとのグラフA・Bは，国立青少年教育振興機構が，日本・アメリカ合衆国・中国・韓国の高校生を対象に行った調査の結果を示したものです。これらのグラフから読み取れることがらとしてもっとも適当なものを，次のア〜エから1つ選んで，記号で答えなさい。

（　　　　）

ア　Aについて「まったくあてはまらない」と答えた割合も，Bについて「まったくあてはまらない」と答えた割合も，2016年にひとりっ子政策を廃止した国がもっとも高い。

イ　Aについて「とてもあてはまる」と「あてはまる」と答えた割合の合計は，昨年（2022年）新しい大統領が選ばれた国がもっとも高い。

ウ　Bについて「まったくあてはまらない」と答えた割合は，国際連合の本部が置かれている国がもっとも高い。

エ　Aについて「とてもあてはまる」，かつBについて「よくあてはまる」と答えた割合は，今年主要国首脳会議（サミット）が開かれる予定の国がもっとも高い。

A　新型コロナウイルスがとても恐い（2021年）

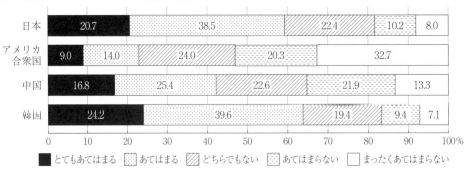

B　自分の将来に不安を感じている（2021年）

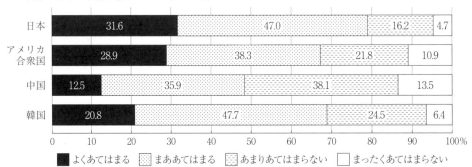

（独立行政法人国立青少年教育振興機構 HP より作成）

(5)　下線③について，衆議院議員選挙に比べて，参議院議員選挙では，各政党がタレントやスポーツ選手などの有名人を多く立候補させる傾向があるといわれています。その理由としてもっとも適当なものを，次のア～エから1つ選んで，記号で答えなさい。（　　　　）

ア　衆議院議員選挙の選挙区選挙は，都道府県単位で行われているため。

イ　参議院議員選挙の選挙区選挙は，小選挙区制が採用されているため。

ウ　衆議院議員選挙の比例代表選挙は，全国を1ブロック（単位）とするしくみになっているため。

エ　参議院議員選挙の比例代表選挙は，特定の候補者名か政党名を書いて投票するしくみになっているため。

(6)　下線④について，次の日本国憲法の条文中の（　e　）～（　g　）にあてはまる語句をそれぞれ答えなさい。e（　　　　）f（　　　　）g（　　　　）

第37条　すべて刑事事件においては，被告人は，（　e　）な裁判所の迅速な公開裁判を受ける権利を有する。

2　刑事被告人は，すべての証人に対して審問する機会を充分に与へられ，又，公費で自己のために強制的手続により証人を求める権利を有する。

3　刑事被告人は，いかなる場合にも，資格を有する（　f　）を依頼することができる。被告人が自らこれを依頼することができないときは，（　g　）でこれを附する。

(7)　下線⑤について，2021年に核兵器禁止条約が発効しましたが，現在のところ日本はこの条約に参加していません。その理由を簡単に説明しなさい。

（　　　）

(8)　下線⑥について，2022年度の国の一般会計予算における歳出は107兆5964億円であったのに対し，税による収入は65兆2350億円でした。この財政収入の不足はおもにどうやって補うことになるか，解答らんに合う形で答えなさい。（　　　　　を発行することで補う。）

(9)　下線⑦について，日本では，国の権力が1か所に集中しないよう，権力を3つの機関に分担して持たせています。次の図は，中学生のまさやさんが3つの機関の関係についてまとめたものです。図から読み取れることについて述べた文としてもっとも適当なものを，あとのア～エから1つ選んで，記号で答えなさい。（　　　　）

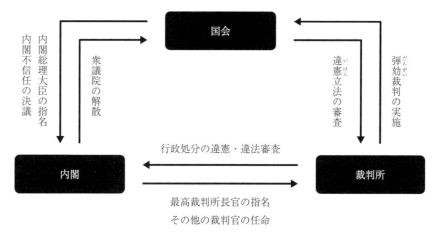

ア　国会・内閣間の矢印についての説明に誤りが含まれている。

イ　国会・裁判所間の矢印についての説明に誤りが含まれている。

ウ　内閣・裁判所間の矢印についての説明に誤りが含まれている。

エ　図中のどの矢印についての説明にも誤りはない。

⑽　下線⑧について，主権者である私たちが国や地方の政治に参加する手段について述べた文として適当でないものを，次のア～エから1つ選んで，記号で答えなさい。（　　　　）

ア　18歳以上の国民が，日本国憲法改正の国民投票で1票を投じる。

イ　20歳以上の国民が，最高裁判所の裁判に裁判員として参加する。

ウ　25歳以上の住民が，市町村議会議員選挙に立候補する。

エ　30歳以上の住民が，都道府県知事選挙に立候補する。

2　≪SDGsと政治・経済≫　次の【社会に関する目標】，【経済に関する目標】，【生物に関する目標】の各表は，2015年の国連総会で採択された「持続可能な開発目標（SDGs）」に関するものです。この国際目標は，17の目標と169のターゲットによって構成されています。各表の内容について，あと

の問いに答えなさい。ただし，ターゲットの内容は，問題に合わせて一部改訂しています。

（大阪桐蔭中）

【社会に関する目標】

目標	ターゲットの内容
飢餓（きが）をゼロに	飢餓を撲滅し，すべての人びと，特に①貧困層及び幼児を含むぜい弱な立場にある人びとが一年中安全かつ栄養のある食料を十分得られるようにする。
質の高い教育をみんなに	②すべての子供が男女の区別なく，適切かつ効果的な学習成果をもたらす，無償かつ公正で質の高い初等教育及び中等教育を修了できるようにする。
エネルギーをみんなにそしてクリーンに	世界のエネルギーミックスにおける③再生可能エネルギーの割合を大幅に拡大させる。
平和と公正をすべての人に	国家及び国際的なレベルでの④法の支配を促進し，すべての人びとに司法への平等なアクセスを提供する。

外務省 HP より作成

問1　下線部①について，すべての子どもの命と権利を守るため，最も支援の届きにくい子どもたちを最優先に活動している国際機関があります。この機関名と，本部が置かれている都市名の組合せとして正しいものを，右のア～カから一つ選び，記号で答えなさい。（　　）

	国際機関名	都市名
ア	ILO	ジュネーブ
イ	ILO	ニューヨーク
ウ	UNCTAD	ジュネーブ
エ	UNCTAD	ニューヨーク
オ	UNICEF	ジュネーブ
カ	UNICEF	ニューヨーク

問2　下線部②について，日本では，日本国憲法第26条の内容に沿って，教育が実施されています。次の空らん[あ]に当てはまる語句を，漢字4字で答えなさい。[　　]

　すべて国民は，法律の定めるところにより，その保護する子女に[あ]を受けさせる義務を負ふ。義務教育は，これを無償とする。（日本国憲法第26条第2項）

問3　下線部③について，再生可能エネルギーを説明した文Ⅰ～Ⅲの正誤の組合せとして正しいものを，右のア～クから一つ選び，記号で答えなさい。（　　）

	Ⅰ	Ⅱ	Ⅲ
ア	正	正	正
イ	正	正	誤
ウ	正	誤	正
エ	正	誤	誤
オ	誤	正	正
カ	誤	正	誤
キ	誤	誤	正
ク	誤	誤	誤

Ⅰ　バイオマス発電は，化石燃料以外の生物由来の有機性資源を利用するため，持続的にエネルギーを生み出すことが可能である。

Ⅱ　波力発電は，風力発電や太陽光発電と比べて発電効率が優れておらず，安定した供給量が得られない。

Ⅲ　水素発電を利用した自動車やバスがドイツでは導入されているが，日本ではコスト面の問題があるため，まだ導入がされていない。

問4　下線部④について，司法制度の充実は世界中で課題としてあげられています。日本の裁判官の任免について説明した文章の空らん[い]～[え]にあてはまる語句の組合せとして正しいものを，次のア～クから一つ選び，記号で答えなさい。（　　）

最高裁判所長官以外の裁判官は ［ い ］ が任命する。裁判官は例外を除いて国会の ［ う ］ でしか罷免することはできない。ただし，最高裁判所の裁判官は，任命された後はじめておこなわれる ［ え ］ の総選挙の際，国民審査を受ける。その後，10 年ごとに同様の審査を受け，国民が不適当だと判断した裁判官は罷免される。

	い	う	え
ア	天皇	弾劾裁判	参議院
イ	天皇	弾劾裁判	衆議院
ウ	天皇	特別裁判	参議院
エ	天皇	特別裁判	衆議院
オ	内閣	弾劾裁判	参議院
カ	内閣	弾劾裁判	衆議院
キ	内閣	特別裁判	参議院
ク	内閣	特別裁判	衆議院

【経済に関する目標】

目標	ターゲットの内容
人や国の不平等をなくそう	⑤税制，賃金，社会保障政策をはじめとする政策を導入し，平等の拡大を漸進的に達成する。
つくる責任つかう責任	合意された国際的な枠組みに従い，製品ライフサイクルを通じ，環境上適正な化学物質やすべての廃棄物の管理を実現し，⑥人の健康や環境への悪影響を最小化するため，化学物質や廃棄物の大気，水，土壌への放出を大幅に削減する。

外務省 HP より作成

問5　下線部⑤について，日本での消費税率は 10 ％ですが，日常生活に必要な食品など一部の品目は 8 ％に抑えられています。税率について説明したⅠ・Ⅱの文章の正誤の組合せとして正しいものを，右のア～エから一つ選び，記号で答えなさい。（　　　）

	Ⅰ	Ⅱ
ア	正	正
イ	正	誤
ウ	誤	正
エ	誤	誤

Ⅰ　コンビニ店内のイートインスペースで飲食する場合は，税率 10 ％が適用される。

Ⅱ　毎日配達される新聞には，税率 10 ％が適用される。

問6　下線部⑥について，次の写真は，印字された耳標をつけた牛と，個体識別番号がついた商品ラベルです。これは，商品に不具合やトラブルがあった場合に原因を特定するためなどのものです。このような農畜産物などの商品の生産から消費者に届くまでの過程を明らかにするシステムを，カタカナで答えなさい。（　　　）

『最新政治・経済資料集　新版』（第一学習社）より

【生物に関する目標】

目標	ターゲットの内容
気候変動に 具体的な対策を	⑦気候変動対策を国別の政策，戦略および計画に盛り込む。
陸の豊かさも守ろう	自然生息地の劣化を抑制し，生物多様性の損失を阻止し，⑧絶滅危惧種を保護し，また，その絶滅を防止するための緊急かつ意味のある対策を講じる。

外務省 HP より作成

問7　下線部⑦について，あとの地図中 A〜C は，地球環境問題に関する会議の開催国や協定などが締結された国を示したものです。A〜C を説明した文 I 〜Ⅲの正誤の組合せとして正しいものを，右のア〜クから一つ選び，記号で答えなさい。（　　　　）

I　A では，地球温暖化防止のために京都議定書の後継とされる協定が締結された。

Ⅱ　B では，「持続可能な開発」をスローガンに国連人間環境会議が開催された。

Ⅲ　C では，オゾン層破壊の原因となるフロンガスを規制する議定書が締結された。

	I	Ⅱ	Ⅲ
ア	正	正	正
イ	正	正	誤
ウ	正	誤	正
エ	正	誤	誤
オ	誤	正	正
カ	誤	正	誤
キ	誤	誤	正
ク	誤	誤	誤

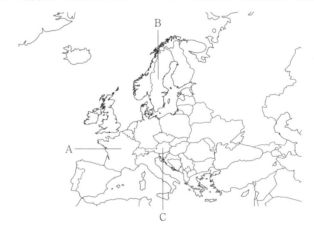

問8　下線部⑧について，次の写真はアフリカゾウと象牙（ぞうげ）です。アフリカゾウは，密猟と象牙（ぞうげ）の違法取引によって絶滅のおそれがあります。このような野生動植物の保護を目的に，加工品・毛皮・きばなどの国際取引を禁止した条約を，解答らんに合わせてカタカナで答えなさい。（　　　条約）

3 ≪最新の入試問題から≫　次の A～J において，最も適当な組み合わせを下の【組み合わせ欄】から選び，1～4 の番号で答えなさい。なお，年代が書かれていない場合はすべて現在のことを，国名が書かれていない場合はすべて日本のことを述べています。

(神戸女学院中)

A（　　）　B（　　）　C（　　）　D（　　）　E（　　）　F（　　）　G（　　）

H（　　）　I（　　）　J（　　）

【組み合わせ欄】

アとイの両方とも正しい場合…………1	アが正しく，イが誤っている場合……2
アが誤っていて，イが正しい場合……3	アとイの両方とも誤っている場合……4

A ア　ユニセフの活動は，すべて国際連合（国連）の分担金でまかなわれています。(2021 年現在)

　イ　国連分担金の国別割合を見ると，アメリカ合衆国の負担割合が最も高く，次に中国，日本の順となっています。(2021 年現在)

B ア　2015 年に国連本部において，「国連持続可能な開発サミット」が開かれ，「持続可能な開発目標（SDGs）」が採択されました。世界から貧困をなくすこと，不平等を減らすこと，気候変動への対策をとることなどの 30 項目の開発目標を達成するために，世界が協力して行動していくことを決めました。

　イ　2015 年に国連本部において，「国連持続可能な開発サミット」が開かれ，「持続可能な開発目標（SDGs）」が採択されました。国連に加盟する国は，2030 年までに，すべての開発目標を必ず達成しなければなりません。

C ア　1945 年，沖縄にアメリカ軍が上陸し，住民を巻き込んだ激しい戦闘が行われました。「平和の礎」は，平和への願いをこめて，沖縄県那覇市につくられました。

　イ　被爆国である日本は，核兵器を「もたない，つくらない，もちこませない」という非核三原則を宣言しています。また，国際社会において，平和の大切さや核兵器をなくすことをうったえ続けています。

D ア　国会は国の政治の方向を決める機関です。衆議院と参議院という二つの議院で話し合いを行うことで，国の重大な問題についてより慎重に決定することができます。

　イ　国民は 25 歳以上で衆議院議員に立候補でき，30 歳以上で参議院議員に立候補できます。選挙権については，20 歳以上から 18 歳以上に引き下げられ，2016 年 7 月の参議院議員選挙で 18 歳以上による投票がはじめて実施されました。

E ア　日本国憲法では，国民の権利が保障されているだけでなく，義務も定められています。国民の三大義務として，税金を納める義務，働く義務，教育を受ける義務があります。

　イ　日本国憲法では，すべての国民は健康で文化的な生活を送る権利があると定められています。

F ア　「国民の祝日に関する法律」において，山に親しむ機会を得て山のめぐみに感謝する日は，8 月 11 日です。

　イ　「国民の祝日に関する法律」において，日本国憲法の施行を記念し国の成長を願う日は，11 月 3 日です。

G ア　環境省は，国民の健康に関する仕事を行う役所です。乳幼児健診，予防接種も環境省の仕事

です。

　イ　経済産業省は，国の予算や財政に関する仕事を行う役所です。同省内の国税庁は国民から集められた税金を管理しています。

Ｈア　裁判所は，人々の間で争いごとや犯罪がおこったときに，憲法や法律に基づいて判断し，解決します。国民はだれでも裁判を受ける権利をもっています。また，判決の内容に不服がある場合は，3回まで裁判を受けられる制度があります。

　イ　2009年から国民が裁判に参加する裁判員制度が始まりました。裁判員は，選挙権をもつ人のうち25歳以上の人の中からくじで選ばれます。一般の国民が裁判に参加することで，国民のさまざまな視点を判断に生かしています。

Ｉア　厚生労働大臣から依頼された民生児童委員の主な役割は，委員の一人一人が地域を担当し，子どもや高齢者の福祉について相談に乗ったり，市役所・区役所等の関係機関につないだりすることです。

　イ　市議会の主な仕事として，法律を制定，改正，廃止すること，市の予算を決め税金の使い道を決めることなどがあります。また，市の仕事が正しくおこなわれているかどうか調査し，問題点を指摘することも市議会の仕事の一つです。

Ｊア　「青年海外協力隊」は，日本の国際協力をおこなう組織である国際協力機構（JICA）の事業の一つで，発展途上国に出向き，その国で必要とされる手助けをし，その国を発展させる活動をしています。

　イ　政治的・経済的な理由や民族，宗教などの対立によっておこる紛争が原因で，多くの難民が発生しています。

1 ≪歴史・公民≫ 次の文章を読み，あとの問いに答えなさい。 (大阪星光学院中)

みなさんは現在，小学6年生です。年齢でいうと11歳または12歳にあたります。ということは，法律上では未成年になるわけです。では，何歳で①成年になるのでしょうか。つい最近までは20歳が成年年齢でした。でも，現在は18歳が成年年齢です。この成年年齢について，少し考えていきたいと思います。

2018年6月13日，民法の一部を改正するかたちで18歳からを成年とする法律が成立し，2022年4月1日より施行されています。

これによって成年年齢が満18歳となりましたが，それ以前の満20歳という成年年齢は，1876年に出された太政官布告という法令によって定められたものでした。したがって，今回の成年年齢の引き下げは，②約140年ぶりの大改正にあたるわけで，みなさんも新聞やテレビ，インターネット等でこれに関する数多くのニュースを目にしたことと思います。

さて，成年年齢になると，それまでと何が変わるのでしょうか。法律の面から見ると，成年年齢には，「1. 一人で有効な③契約をむすぶことができる年齢」，「2. 父母の親権に服さなくなる年齢」，という2つの意味があるそうです（法務省HPによる）。これをふまえて，④国会では，成年年齢の引き下げによるメリットやデメリットについて議論されました。

では，18歳が成年年齢になったことによって，⑤18歳になるとできること，18歳では以前と同じくできないこと，にはどのようなものがあるのでしょうか。

まず，できるようになったことの代表例が，さまざまな契約をむすぶことです。例えば，携帯電話を契約したり，一人暮らしのためのアパートを借りたり，クレジットカードを作成したり，ローンを組んで自動車を購入したりすることができます。一方で，以前と同じくできないことは，お酒を飲んだり，タバコを吸ったり，競馬・競輪などの投票券を購入したりすることです。

なかなかややこしくて覚えるのが大変ですが，現在小学6年生であるみなさんは，今から6年後には成年年齢となります。不用意に契約をむすんだことで起こる，いわゆる消費者トラブルなどから自分自身を守るためにも，中学・高校生の間にこれらのことについて勉強をして，しっかりとした知識を身につけておかないといけません。新聞を読んだり，⑥読書をしたりすることも非常に重要となってくるでしょうから，⑦日常生活においてそういう心がけを大切にしていきたいものですね。

※親権に服さなくなる：親が子を教育・保護などする権利（＝親権）に，必ずしも従わなくともよくなる，ということ。

問1 下線部①について，律令体制下では成年であるかだけではなく，いくつかの年齢基準や性別などにもとづいて，さまざまな税がかけられました。その税に関連する次の問い(1)・(2)に答えなさい。

(1) 税には収穫した稲の一部を納めるというものもありましたが，次の写真ア〜オのうち，米作りに直接関係のない道具を二つ選びなさい。（　　・　　）

（2）　税として都に納められていた品物を調べてみると、この時代の人びとがさまざまな種類のものを食べていたことがわかります。縄文時代に日本列島に住んでいた人びとも同じで、貝塚などからは、彼らが食べたさまざまなものについてのあとが見つかっています。縄文時代に日本列島に住んでいた人びとが食べたものとして、**現在確認されていないもの**を、次のア～カのうちから一つ選びなさい。（　　　）

　　　ア．やまぶどう　　　イ．さつまいも　　　ウ．ウサギ　　　エ．シカ　　　オ．マグロ　　　カ．カツオ

問2　下線部②に関連する次の問い(1)～(3)に答えなさい。

（1）　この「約140年」にもっとも近い期間続いた時代を、次のア～オのうちから一つ選びなさい。
（　　　）

　　　ア．奈良時代　　　イ．平安時代　　　ウ．鎌倉時代　　　エ．室町時代　　　オ．江戸時代

（2）　現在は西暦2023年ですが、西暦140年は日本の歴史では何という時代にあたるか、答えなさい。（　　　時代）

（3）　今から140年前は、日本では明治時代にあたります。明治時代について述べた文として**誤っているもの**を、次のア～エのうちから一つ選びなさい。（　　　）

　　ア．関東大震災が発生し、東京や横浜などで多くの被害が出た。

　　イ．朝鮮（韓国）を併合し、日本の植民地とした。

　　ウ．トルコの軍艦エルトゥールル号が和歌山県沖で沈没した。

　　エ．一部の地域では日刊の新聞が発行され始めた。

問3　下線部③に関連する次の問い(1)・(2)に答えなさい。

（1）　鎌倉時代の将軍と御家人は、土地を仲立ちとした契約関係にありました。これについて述べた次の文中の空欄 X にあてはまる文章として正しいものを、あとのア～エのうちから一つ選びなさい。（　　　）

　　　将軍は、御家人に対して、先祖代々の領地の所有を認めたり、手がらを立てた場合には新しい土地をあたえたりしました。これを X 。また、戦いのないときには京都や鎌倉の警備も務めました。

　　ア．御恩といいます。その代わりに、御家人たちは、戦いのときには一族や家来を率いて「いざ鎌倉」とかけつけ、天皇のために命がけで働きました。これを奉公といいます

　　イ．奉公といいます。その代わりに、御家人たちは、戦いのときには一族や家来を率いて「いざ鎌倉」とかけつけ、天皇のために命がけで働きました。これを御恩といいます

　　ウ．御恩といいます。その代わりに、御家人たちは、戦いのときには一族や家来を率いて「いざ鎌倉」とかけつけ、将軍のために命がけで働きました。これを奉公といいます

　　エ．奉公といいます。その代わりに、御家人たちは、戦いのときには一族や家来を率いて「い

　ざ鎌倉」とかけつけ，将軍のために命がけで働きました。これを御恩といいます

(2)　契約をむすぶことは，現代社会の経済活動においては日常的におこなわれていることであり，さまざまな形の契約がむすばれています。その一つとして，社会環境が十分に整備されていない国に対して，資金や技術を提供する援助活動をおこなう際の契約があります。契約をむすんでおこなわれるこのような活動のうち，政府による国際協力としておこなわれている援助活動を何といいますか，解答欄に合うように**漢字**で答えなさい。（　　　　　援助）

問4　下線部④に関連する次の問い(1)〜(3)に答えなさい。

(1)　1890年に開かれた第1回帝国議会に関する説明として**誤っているもの**を，次のア〜エのうちから一つ選びなさい。（　　　）

　ア．これが開かれる前には，憲法にもとづく初めての総選挙がおこなわれた。

　イ．この議会は，衆議院と貴族院からなっており，ともに国民によって選ばれた議員で構成されていた。

　ウ．これが開かれたときに選挙権をもっていたのは，一定額以上の税金を納めた25歳以上の男性に限られていた。

　エ．この議会には，法律をつくったり，予算を決めたりする権限があたえられていた。

(2)　衆議院と参議院について述べた文A・Bの正誤の組み合わせとして正しいものを，あとのア〜エのうちから一つ選びなさい。（　　　）

　A．衆議院議員と参議院議員の定数は合わせて713人であり，ともに内閣によって解散させられることがある。

　B．法律案は，衆議院と参議院の議員からのみ提出されると定められている。

　　ア．A―正　　B―正　　　イ．A―正　　B―誤　　　ウ．A―誤　　B―正

　　エ．A―誤　　B―誤

(3)　現在の国会が開かれるにあたって，それを召集する役割をあたえられているのは誰か，次のア〜エのうちから一つ選びなさい。（　　　）

　ア．内閣総理大臣　　　イ．最高裁判所長官　　　ウ．衆議院議長　　　エ．天皇

問5　下線部⑤について，2022年4月1日以前においても，18歳からできたこととして正しいものを，次のア〜エのうちから**二つ**選びなさい。（　　　・　　　）

　ア．憲法改正をおこなうための国民投票において，投票する。

　イ．国会議員や，都道府県知事および議員を選ぶ選挙において，投票する。

　ウ．参議院議員や都道府県知事になるために，立候補する。

　エ．市町村議会議員や市区町村長になるために，立候補する。

問6　下線部⑥に関連する次の問い(1)〜(3)に答えなさい。

(1)　『源氏物語』をもとにつくられた絵巻物である『源氏物語絵巻』には，読書をする女性のようすがえがかれています。平安時代の女性たちのなかには，豊かな教養や文章の才能をもつ人びとがおり，彼女らはかな文字を使ってさまざまな作品を書きました。このかな文字と，そのもとになった漢字の組み合わせとして**誤っているもの**を，次のア〜エのうちから一つ選びなさい。

（　　　）

ア．あ―安　　イ．う―宇　　ウ．な―奈　　エ．も―母

(2)　右の絵は12世紀のある人物をえがいたもので，これ以
外にも，京都の六波羅蜜寺には，この人物がお経を読む姿
だと伝わっている木像が残されています。この人物につい
て述べた文として正しいものを，次のア～エのうちから二
つ選びなさい。（　　・　　）

ア．中臣鎌足の子孫であり，摂政として政治を動かした。

イ．中国との貿易をさかんにするために，兵庫の港を整
えた。

ウ．むすめを天皇のきさきにすることで，政治に大きな
影響力をもった。

エ．壇ノ浦の戦いで，源義経が率いる軍に敗れた。

(3)　江戸時代の人びとは寺子屋などで読み書きやそろばんを習いました。そのため，この時代の
日本は，世界的に見ても文字が読める人の割合が高い国でした。次のA・Bの人物はこの時代
の人物ですが，人物名A・Bとその業績Ⅰ・Ⅱ・Ⅲの組み合わせとして正しいものを，あとの
ア～カのうちから一つ選びなさい。（　　　）

［人物名］

A　近松門左衛門　　B　本居宣長

［業績］

Ⅰ　『古事記』の研究をするなど，日本古来の考え方を大切にする学問を広めた。

Ⅱ　歴史上の物語や実際におこったできごとを題材にして，人形浄瑠璃などの脚本を書
いた。

Ⅲ　満足な辞典がないなか，外国語の医学書を苦心してほん訳した。

ア．A―Ⅰ　　B―Ⅱ　　イ．A―Ⅰ　　B―Ⅲ　　ウ．A―Ⅱ　　B―Ⅰ

エ．A―Ⅱ　　B―Ⅲ　　オ．A―Ⅲ　　B―Ⅰ　　カ．A―Ⅲ　　B―Ⅱ

問7　下線部⑦に関連する次の問い(1)～(8)に答えなさい。

(1)　平安時代の貴族社会では，日常生活の中での細かいしきたりを守ることが非常に大切にされ
ました。そのため，貴族たちは毎年特定の時期に行事や儀式をくりかえしおこなっていました
が，このような行事や儀式のことを何といいますか，答えなさい。（　　　）

(2)　鎌倉時代や室町時代において，村の人びとは，自分たちの日常生活を守るためといった理由
から，団結して行動するようになりました。このような行動について述べた文として正しいも
のを，次のア～エのうちから一つ選びなさい。（　　　）

ア．応仁の乱後の山城国では，大名を追い出して100年にわたる自治がおこなわれた。

イ．応仁の乱でとだえた祇園祭を，人びとが朝廷に働きかけて復活させた。

ウ．農民は共同で田植えをおこない，その際には田楽をおどることもあった。

エ．共同で用水路を整えるなど収穫量を増やすための努力がおこなわれたが，肥料はまだ使用
されていなかった。

(3) 江戸時代の農民たちは，日常の農作業の中で，さまざまな農具を使用するようになりました。農具の使用方法を説明した次の文ア～エのうちから，**誤っているもの**を一つ選びなさい。

（　　　）

ア．とうみは，米などのもみがらやごみを取りのぞく道具である。

イ．からさおは，収穫した稲や麦を干しておくための道具である。

ウ．千歯こきは，稲や麦などを脱穀する道具である。

エ．備中ぐわは，田や畑の土を深く耕すための道具である。

(4) 次の絵は，1853年にペリー率いるアメリカの軍艦（黒船）が，江戸湾にあらわれたときのようすを，明治になってから想像してえがいた作品です。ペリーの来航は，江戸の町に住む人びとの日常生活を一変させました。この絵を見てわかることがらを述べた文として**誤っているもの**を，あとのア～エのうちから一つ選びなさい。（　　　）

ア．ペリーはアメリカ大統領からの手紙を持ってきていたことがわかる。

イ．黒船は日本の船と比べると，とても大きいことがわかる。

ウ．人びとが大砲や米俵を運んでいることから，幕府は戦う準備をしていることがわかる。

エ．黒船は蒸気船であったが，その煙突からは煙が出ていることがわかる。

(5) 明治時代になり，形式上は身分制が廃止されてからも，日常生活で差別に苦しんでいる人びとは数多くいました。そんな人びとが，今から約100年前に団結して結成した組織の名前を答えなさい。（　　　）

(6) 大正時代におこった第一次世界大戦は，日本に好景気をもたらしましたが，戦後しばらくすると一転して不景気となり，日本国民の日常生活に大きな影響をあたえました。この時期に国際社会の平和と安全を守るためつくられたのが国際連盟ですが，この組織において事務局次長を務めた人物を次のア～エのうちから一つ選びなさい。（　　　）

ア．陸奥宗光　　イ．小村寿太郎　　ウ．杉原千畝　　エ．新渡戸稲造

(7) 太平洋戦争の空襲で焼け野原になった都市では，住む家や衣服などの日用品が不足し，人びとが戦争以前のような日常生活を取りもどすまでには，多くの苦労がありました。その頃の人

びとのようすについて述べた文として正しいものを，次のア～エのうちから一つ選びなさい。

（　　　　）

ア．焼け野原となった都市には仕事がないため，人びとは満員電車に乗って農村へと出かけねばならなかった。

イ．国から配られる物資では足りないため，都市の人びとのなかにはやみ市で食料などを買う人もいた。

ウ．空襲により校舎が焼けてしまい，子どもたちの多くは都市にもどらず疎開先で勉強を続けることになった。

エ．GHQの援助により，孤児となった子どものほとんどが飢えることなく生活できた。

(8) 太平洋戦争後の日本の国民生活について述べた次の文ア～ウを，古いものから順に並べなさい。（　　→　　→　　）

ア．日本の人口が減少に転じ，少子高齢化がすすんだ。

イ．カラーテレビやクーラー，自動車の家庭への普及率が50％をこえた。

ウ．東京と大阪の間に東海道新幹線が開通した。

2　≪地理・歴史・公民≫　サッカー好きのAさんとBさんと先生との会話の様子を読んで，あとの問いに答えなさい。

（大阪教大附池田中）

A　：昨日のワールドカップの決勝戦見た？

B　：見たよ！　朝早かったけれど興奮したね！　日本もいつかは決勝戦に出られるかな？

A　：そのときを楽しみに待ちたいね。それにしても①毎回6月～7月開催のワールドカップだけれど，今年（2022年）は11月開催だったね。なんでなんだろう？

B　：気候が関係しているのかな？　そもそも②カタールってどんな国なのかな？　先生は知っていますか？

先生：はい。③カタールという国は秋田県よりも少し小さい面積で，人口は268万人という規模の国です。またカタールは④石油の輸出も多い国ですね。

A　：あまり大きな国ではないけれど裕福なイメージがあるな。他の出場国も気になってきたね。

B　：初戦で日本と戦ったドイツは，日本と（　X　）時間ほどの時差がある国だよ。2戦目で戦ったコスタリカは『兵士よりも教育を』という考えをもとに軍隊を放きしている国でもあるよ。

先生：よく知っていますね。日本も同じように軍隊を持たない国です。また日本では⑤国際平和を目指すという考え方をもっていることが憲法にも書かれていますね。

A　：コスタリカから南に行くと優勝候補だったブラジルがあるね。ブラジルには日本からの移民も多く，深いつながりがある国だよ。そういえば⑥ブラジルの公用語はブラジル語ではなかったよね？

先生：そうですね。これは植民地支配の影響だと言われていますね。また日本からの移民は⑦1900年ごろから始まったといわれています。明治時代の後期にあたりますね。

A　：鎖国が終わり，他の国との交流が盛んになってきたころですね。⑧鎖国が行われていたときは出島でオランダとの貿易が認められていました。そういえばオランダもワールドカップに出

ていたね。

B ：なんだか日本と関わりがある国が多いね。ワールドカップにでられなかった⑨中国も日本と
関わりが深い国でもあるね。

［問1］ 下線部①について，右の資料1は東京とカ
タールの首都ドーハの平均気温（2020年）を比べ
たものです。このグラフを見て，なぜ開催時期が
11月となったか説明しなさい。

（ ）

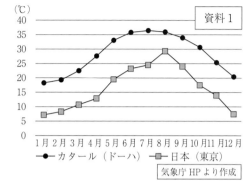

資料1

気象庁HPより作成

［問2］ 下線部②について，カタールの首都ドーハは
北緯25度付近にあります。北緯25度にない国を，
次のア～エから1つ選び，記号で答えなさい。

（ ）

ア．エジプト　　イ．インド　　ウ．スペイン　　エ．メキシコ

［問3］ 下線部③について，カタールの人口密度は234人/km² であった。秋田県の面積はおよそ
どれくらいですか。次のア～エから1つ選び，記号で答えなさい。（ ）

ア．11,640km²　　イ．1,164km²　　ウ．11,100km²　　エ．1,110km²

［問4］ 下線部④について，1973年にはサウジアラビアなどの産油国が原油価格を大はばに引き上
げたことで世界経済が混乱しました。この出来事を何というか答えなさい。（ ）

［問5］ （ X ）にあてはまる数字を，次の文章を参考にして答えなさい。ただしドイツは東経15
度，日本は東経135度として考えるものとします。（ ）

B さんは参考として同じアジア地域の代表であるサウジアラビア（東経45度）と日本（東経
135度）の時差を調べると6時間あることがわかった。

［問6］ 下線部⑤について，国際平和の実現にユニセフは大きな支えんを行っています。日本も第
二次世界大戦後にユニセフの支えんを受けました。このとき子どもに対して行われた支えんには
どのようなものがあったか具体的に説明しなさい。（ ）

［問7］ 下線部⑥について，次の文章に示される国がブラジルの公用語にあたる国です。どこの国
をさしているか答えなさい。（ ）

1543年に種子島にこの国の人を乗せた船が漂着し，鉄砲の技術が伝わりました。その6年後に
この国の国王の命で，フランシスコ＝ザビエルがキリスト教を布教しました。やがて南蛮貿易で
日本とこの国は関わりを深めることになりました。

［問8］ 下線部⑦について，これより前に起こった出来事として，正しいものをア～エから1つ選
び，記号で答えなさい。（ ）

ア．政府の改革に不満を持つ鹿児島の士族たちが，木戸孝允を中心に西南戦争を起こした。

イ．明治天皇の名で，大日本帝国憲法が発布された。この憲法では国民が主権を持つことや天皇
が軍隊を率いることなどが定められた。

ウ．日本で行われた第1回の衆議院議員選挙では，投票することが認められた有権者は，一定の
金額をおさめた25歳以上の男女だったので，当時の人口の約1.1％にすぎなかった。

エ．板垣退助が中心となっておこなった自由民権運動は，国会の開設を求める運動を引き起こし，その後政府に国会開設を約束させた。

［問9］　下線部⑧について，出島では多くの輸入品が取りあつかわれていました。資料2の右側には輸入品が置かれています。資料2は輸入品の取引の際に，どのように使用されていたか答えなさい。（　　　　　　　　　　　　　　　）

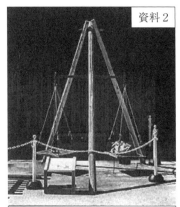

資料2

https://nagasakidejima.jp/guide-to-dejima/
「出島 HP」

［問10］　下線部⑨について，日本と中国の貿易の関わりについて説明した文章を読んで，ア～ウの人物名をそれぞれ答えなさい。

ア（　　　　）　イ（　　　　）　ウ（　　　　）

ア．武士としてはじめて太政大臣となったこの人物は，宋との貿易をするために兵庫の港を整えるなどの政治を行いました。

イ．幕府の役所を京都に置いたこの人物は室町幕府を開き，明との貿易によって大きな利益を得ました。

ウ．この人物は，朝鮮とねばり強く話し合い，豊臣秀吉が兵を送って以来とだえていた国交を回復させました。また明にかわる貿易相手を求め，大名や商人に許可状をあたえ，東南アジアとの貿易にも力を入れました。

③　≪最新の入試問題から≫　労働に関連する次の問に答えなさい。　　　　　　　　　　（洛星中）

問1．次の図は，全雇用者にしめる非正規雇用者の割合の移り変わりを，男女別に示しています。

注：ここで言う「雇用者」とは雇われる側の人を指す。

「非正規雇用者」とは，パートやアルバイト，契約社員や派遣社員を指し，勤務時間が短いことや，期限付きの雇用であることなどを特徴とする。

「正規雇用者」とは，これ以外の人を指し，一般に正社員・正職員ということが多い。

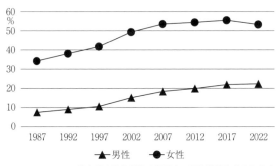

独立行政法人労働政策研究・研修機構資料より作成

(1)　図から読み取った内容を記した次の文X・Yの正誤の正しい組み合わせをあとから選び，記号で答えなさい。（　　　）

X：女性の非正規雇用者の比率は，リーマンショックがおきた直前と2022年とでは，1.5倍になっている。

Y：男性の非正規雇用者の比率は，阪神淡路大震災がおきてから，2022年までほぼ横ばいと

なっている。

　　あ．X―正　　　Y―正　　　い．X―正　　　Y―誤　　　う．X―誤　　　Y―正

　　え．X―誤　　　Y―誤

(2) 企業側にとって非正規雇用者を増やす利点とはいえないものを次から1つ選び，記号で答え
　なさい。（　　　）

　　あ．会社にとって即戦力となる人材を期間限定で雇うことができる。

　　い．長年つかってきた独自の技術を，次の世代の労働者に確実に引きつぐことができる。

　　う．正規雇用者より安い賃金で労働者を雇うことができる。

　　え．短時間の労働を希望する子育て中の人でも労働者として雇うことができる。

問2．近年，最低賃金の引き上げが進められています。雇う側にとって賃金を引き上げる利点を1
　つ答えなさい。（　　　　　　　　　　　　　　　　　　　　　）

問3．2018年，国会で働き方改革関連法が成立しました。

(1) 日本国憲法第41条は，「国会は国権の（　①　）機関であり，唯一の（　②　）機関である。」と
　定めています。（　　　）に入る語句を答えなさい。①（　　　　）　②（　　　　）

(2) 国会では，予算の制定や法律の制定の際，衆議院と参議院で異なる議決が行われた場合，最
　終的には衆議院の議決が優先される仕組みをとっています。この理由について述べた次の文の
　（　　　）に入る内容を答えなさい。（　　　　　　　　　　　　　）

　　衆議院は，参議院に比べて議員の任期が短く，定数が多いことなどから，参議院よりも（　　　）
　と考えられるから。

(3) 働き方改革関連法では，雇用者の残業時間の上限をきびしく守らせたり，確実に休日を取得
　させたりすることが，企業に対して義務づけられました。それは，働きすぎによるどのような
　問題を解決するためですか。（　　　　　　　　　　　　）

問4．働き方改革を進めていくためには，休日の確保も重要な課題です。

(1) 日本では，年間にいくつかの「国民の祝日」が定められています。次のうち，毎年月曜日が
　休日となるように定められているものを1つ選び，記号で答えなさい。（　　　）

　　あ．海の日　　　い．春分の日　　　う．みどりの日　　　え．山の日

(2) 世界では，それぞれの国の社会や文化を背景とした，さまざまな祝祭日が設定されています。
　次の表は，2023年におけるアメリカ合衆国，イギリス，タイ，中国の主な祝祭日をまとめたも
　のです。タイにあたるものを選び，記号で答えなさい。（　　　）

あ	メーデー（労働者の祭典），国王誕生日（国王の誕生日を祝う），三宝節（釈迦が最初の説教を行ったことを記念する）
い	聖金曜日（キリストの受難と死を記念する），国王戴冠式（王の即位を記念する），クリスマス（キリストの降誕を祝う）
う	大統領記念日（初代大統領らの誕生日を祝う），独立記念日（国の独立を祝う），クリスマス（キリストの降誕を祝う）
え	旧正月（旧暦の正月を祝う），メーデー（労働者の祭典），国慶節（建国を祝う）

日本貿易振興機構資料より作成

(3) (2)の表中の「メーデー」に関して，日本でも 1920 年に初めてメーデーの集まりが開かれました。この集まりに関連する文として正しいものを次から１つ選び，記号で答えなさい。（　　　）

あ．この集まりがきっかけとなって，富山県では米騒動に発展した。

い．この集まりは，同じ年にできた治安維持法によってきびしく弾圧された。

う．男子普通選挙が初めて行われたことを受けて，権利の拡大を要求する運動が広がっていた。

え．第一次世界大戦が終わった後，景気が悪くなるなかで生活を守るための運動が広がっていた。

(4) 休日には，泊まりがけの旅行などを楽しむ人もいます。次の図 A〜C は，京都府，東京都，長野県のいずれかにおける，各月の宿泊者総数が年間宿泊者総数にしめる割合（2019 年）を示したものです。A〜C と都府県名の正しい組み合わせをあとの「あ〜か」から選び，記号で答えなさい。ただし，宿泊者総数には観光目的以外のものもふくんでいます。（　　　）

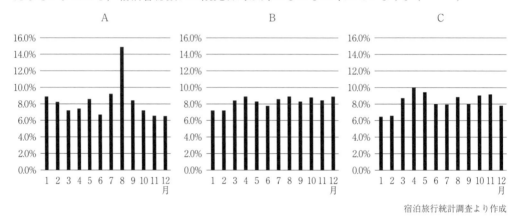

宿泊旅行統計調査より作成

	あ	い	う	え	お	か
京都府	A	A	B	B	C	C
東京都	B	C	A	C	A	B
長野県	C	B	C	A	B	A

A book for You
赤本バックナンバーのご案内

赤本バックナンバーを1年単位で印刷製本しお届けします！

弊社発行の「中学校別入試対策シリーズ（赤本）」の収録から外れた古い年度の過去問を1年単位でご購入いただくことができます。

「赤本バックナンバー」はamazon（アマゾン）の*プリント・オン・デマンドサービスによりご提供いたします。

定評のあるくわしい解答解説はもちろん赤本そのまま,解答用紙も付けてあります。

志望校の受験対策をさらに万全なものにするために,「赤本バックナンバー」をぜひご活用ください。

⚠ *プリント・オン・デマンドサービスとは,ご注文に応じて1冊から印刷製本し,お客様にお届けするサービスです。

ご購入の流れ

① 英俊社のウェブサイト https://book.eisyun.jp/ にアクセス

② トップページの「中学受験」 赤本バックナンバー をクリック

③ ご希望の学校・年度をクリックすると,amazon（アマゾン）のウェブサイトの該当書籍のページにジャンプ

④ amazon（アマゾン）のウェブサイトでご購入

⚠ 納期や配送,お支払い等,購入に関するお問い合わせは,amazon（アマゾン）のウェブサイトにてご確認ください。

⚠ 書籍の内容についてのお問い合わせは英俊社（06-7712-4373）まで。

⚠ 表中の×印の学校・年度は,著作権上の事情等により発刊いたしません。あしからずご了承ください。

※価格はすべて税込表示

学校名	2019年 実施問題	2018年 実施問題	2017年 実施問題	2016年 実施問題	2015年 実施問題	2014年 実施問題	2013年 実施問題	2012年 実施問題	2011年 実施問題	2010年 実施問題	2009年 実施問題	2008年 実施問題	2007年 実施問題	2006年 実施問題	2005年 実施問題	2004年 実施問題	2003年 実施問題	2002年 実施問題
大阪教育大学附属 池田中学校	赤本に 収録	1,320円 44頁	1,210円 42頁	1,210円 42頁	1,210円 40頁	1,210円 40頁	1,210円 40頁	1,210円 42頁	1,210円 40頁	1,210円 42頁	1,210円 38頁	1,210円 40頁	1,210円 38頁	1,210円 38頁	1,210円 36頁	1,210円 36頁	1,210円 40頁	1,210円 40頁
大阪教育大学附属 天王寺中学校	赤本に 収録	1,320円 44頁	1,210円 38頁	1,210円 40頁	1,210円 40頁	1,210円 40頁	1,210円 42頁	1,320円 40頁	1,210円 44頁	1,210円 40頁	1,210円 42頁	1,210円 38頁	1,210円 38頁	1,210円 38頁	1,210円 38頁	1,210円 40頁	1,210円 40頁	
大阪教育大学附属 平野中学校	赤本に 収録	1,210円 42頁	1,320円 44頁	1,210円 36頁	1,210円 36頁	1,210円 34頁	1,210円 38頁	1,210円 38頁	1,210円 36頁	1,210円 34頁	1,210円 36頁	1,210円 36頁	1,210円 34頁	1,210円 32頁	1,210円 30頁	1,210円 26頁	1,210円 26頁	
大阪女学院中学校	1,430円 60頁	1,430円 62頁	1,430円 64頁	1,430円 58頁	1,430円 64頁	1,430円 62頁	1,430円 64頁	1,430円 60頁	1,430円 62頁	1,430円 60頁	1,430円 60頁	1,430円 58頁	1,430円 56頁	1,430円 56頁	1,430円 58頁	1,430円 58頁		
大阪星光学院中学校	赤本に 収録	1,320円 50頁	1,320円 48頁	1,320円 48頁	1,320円 46頁	1,320円 44頁	1,320円 44頁	1,320円 46頁	1,320円 46頁	1,320円 44頁	1,320円 44頁	1,210円 42頁	1,320円 42頁	1,320円 44頁	1,210円 40頁	1,210円 40頁	1,210円 42頁	
大阪府立咲くやこの花 中学校	赤本に 収録	1,210円 36頁	1,210円 38頁	1,210円 38頁	1,210円 36頁	1,210円 36頁	1,430円 62頁	1,210円 42頁	1,320円 44頁	1,320円 50頁									
大阪府立富田林 中学校	赤本に 収録	1,210円 38頁	1,210円 40頁															
大阪桐蔭中学校	1,980円 116頁	1,980円 122頁	2,090円 134頁	2,090円 134頁	1,870円 110頁	2,090円 130頁	2,090円 130頁	1,980円 122頁	1,980円 114頁	2,200円 138頁	1,650円 84頁	1,760円 90頁	1,650円 84頁	1,650円 80頁	1,650円 88頁	1,650円 84頁	1,650円 80頁	1,210円 38頁
大谷中学校〈大阪〉	1,430円 64頁	1,430円 62頁	1,320円 50頁	1,870円 102頁	1,870円 104頁	1,980円 112頁	1,980円 116頁	1,760円 98頁	1,760円 96頁	1,760円 96頁	1,760円 94頁	1,870円 100頁	1,760円 92頁					
開明中学校	1,650円 78頁	1,870円 106頁	1,870円 106頁	1,870円 110頁	1,870円 108頁	1,870円 104頁	1,870円 102頁	1,870円 104頁	1,870円 102頁	1,870円 100頁	1,870円 102頁	1,870円 104頁	1,870円 104頁	1,760円 96頁	1,760円 96頁	1,870円 100頁		
関西創価中学校	1,210円 34頁	1,210円 34頁	1,210円 36頁	1,210円 32頁	1,210円 32頁	1,210円 34頁	1,210円 32頁	1,210円 32頁	1,210円 32頁									
関西大学中等部	1,760円 92頁	1,650円 84頁	1,650円 84頁	1,650円 80頁	1,320円 44頁	1,210円 42頁	1,320円 44頁	1,210円 42頁	1,320円 44頁	1,320円 44頁								
関西大学第一中学校	1,320円 48頁	1,320円 48頁	1,320円 48頁	1,320円 48頁	1,320円 46頁	1,320円 44頁	1,320円 44頁	1,320円 44頁	1,210円 40頁	1,210円 44頁	1,320円 40頁	1,320円 44頁	1,210円 40頁	1,210円 40頁	1,210円 40頁	1,210円 40頁		
関西大学北陽中学校	1,760円 92頁	1,760円 90頁	1,650円 86頁	1,650円 84頁	1,650円 88頁	1,650円 84頁	1,650円 82頁	1,430円 64頁	1,430円 62頁	1,430円 60頁								
関西学院中学部	1,210円 42頁	1,210円 40頁	1,210円 40頁	1,210円 36頁	1,210円 38頁	1,210円 36頁	1,210円 40頁	1,210円 40頁	1,210円 38頁	1,210円 34頁	1,210円 36頁	1,210円 34頁	1,210円 36頁	1,210円 34頁	1,210円 36頁	1,210円 36頁		1,210円 36頁
京都教育大学附属 桃山中学校	1,210円 40頁	1,210円 38頁	1,210円 36頁	1,210円 36頁	1,210円 34頁	1,210円 36頁	1,210円 34頁	1,210円 38頁	1,210円 36頁	1,210円 32頁	1,210円 34頁	1,210円 32頁	1,210円 40頁	1,210円 36頁	1,210円 36頁	1,210円 34頁	1,210円 42頁	1,210円 38頁

近畿の中学（五十音順）

※価格はすべて税込表示

学校名	2019年 実施問題	2018年 実施問題	2017年 実施問題	2016年 実施問題	2015年 実施問題	2014年 実施問題	2013年 実施問題	2012年 実施問題	2011年 実施問題	2010年 実施問題	2009年 実施問題	2008年 実施問題	2007年 実施問題	2006年 実施問題	2005年 実施問題	2004年 実施問題	2003年 実施問題	2002年 実施問題
京都女子中学校	1,540円	1,760円	1,760円	1,650円	1,650円	1,650円	1,650円	1,430円	1,430円	1,430円	1,430円	1,430円	1,430円	1,430円	1,430円	1,430円		
	68頁	92頁	90頁	86頁	86頁	80頁	84頁	62頁	60頁	62頁	60頁	58頁	58頁	56頁	56頁	56頁		
京都市立西京高校附属中学校	赤本に収録	1,210円	1,210円	1,210円	1,210円	1,210円	1,210円	1,210円	1,210円	1,210円	1,210円	1,210円						
		36頁	38頁	38頁	40頁	34頁	32頁	32頁	34頁	26頁	24頁	24頁	24頁					
京都府立洛北高校附属中学校	赤本に収録	1,210円	1,210円	1,210円	1,210円	1,210円	1,210円	1,210円	1,210円	1,210円	1,210円	1,210円						
		40頁	40頁	40頁	36頁	34頁	32頁	32頁	36頁	28頁	24頁	26頁	26頁					
近畿大学附属中学校	1,650円	1,650円	1,650円	1,650円	1,650円	1,650円	1,650円	1,650円	1,540円	1,650円	1,540円	1,540円	1,540円	1,540円	1,540円	1,540円		
	86頁	80頁	82頁	84頁	82頁	80頁	78頁	78頁	76頁	78頁	70頁	76頁	74頁	74頁	70頁	68頁		
金蘭千里中学校	1,650円	1,650円	1,540円	1,980円	1,980円	1,320円	1,430円	1,430円	1,320円	1,540円	1,540円	1,540円	1,540円	1,540円	1,540円	1,540円		
	78頁	80頁	74頁	116頁	116頁	48頁	58頁	56頁	50頁	72頁	76頁	74頁	70頁	66頁	72頁	72頁		
啓明学院中学校	1,320円	1,320円	1,320円	1,320円	1,320円	1,320円	1,320円	1,320円	1,320円	1,320円	1,320円	1,210円	1,210円					
	44頁	46頁	46頁	46頁	48頁	44頁	44頁	46頁	46頁	44頁	44頁	42頁	42頁					
甲南中学校	1,430円	1,540円	1,540円	1,540円	1,540円													
	62頁	76頁	74頁	74頁	72頁													
甲南女子中学校	1,650円	1,540円	1,650円	1,650円	1,650円	1,540円	1,540円	1,540円	1,540円	1,540円	1,540円	1,540円	1,430円					
	84頁	76頁	82頁	78頁	80頁	74頁	72頁	72頁	72頁	70頁	74頁	72頁	56頁					
神戸海星女子学院中学校	1,540円	1,540円	1,540円	1,430円	1,430円	1,430円	1,430円	1,540円	1,540円	1,430円	1,320円	1,210円	1,210円					
	74頁	72頁	68頁	64頁	62頁	64頁	64頁	68頁	70頁	58頁	44頁	38頁	40頁					
神戸女学院中学部	赤本に収録	1,320円	1,320円	1,320円	1,320円	1,320円	1,320円	1,320円	1,210円	1,210円	1,210円	1,210円	1,210円	1,210円	1,210円	1,210円	1,210円	1,210円
		48頁	48頁	48頁	44頁	44頁	44頁	46頁	44頁	42頁	42頁	40頁	38頁	40頁	38頁	38頁	36頁	36頁
神戸大学附属中等教育学校	赤本に収録	1,320円	1,320円	1,320円	1,320円													
		50頁	52頁	46頁	44頁													
甲陽学院中学校	赤本に収録	1,320円	1,320円	1,320円	1,320円	1,320円	1,320円	1,320円	1,320円	1,320円	1,210円	1,210円	1,210円	1,210円	1,210円	1,210円	1,210円	1,210円
		50頁	46頁	44頁	44頁	44頁	44頁	44頁	44頁	44頁	42頁	42頁	42頁	42頁	40頁	42頁	42頁	40頁
三田学園中学校	1,540円	1,540円	1,430円	1,430円	1,430円	1,540円	1,430円	1,430円	1,430円	1,430円	1,430円	1,430円	1,430円	1,430円	1,430円	1,430円	1,210円	
	66頁	68頁	64頁	62頁	66頁	58頁	54頁	60頁	58頁	60頁	60頁	62頁	58頁	54頁	54頁	38頁		
滋賀県立中学校（河瀬・水口東・守山）	赤本に収録	1,210円	1,210円	1,210円	1,210円	1,210円	1,210円	1,210円	1,210円	1,210円	1,210円	1,210円						
		24頁	24頁	24頁	24頁	24頁	24頁	24頁	24頁	24頁	24頁	24頁	24頁					
四天王寺中学校	1,320円	1,320円	1,320円	1,320円	1,320円	1,320円	1,320円	1,320円	1,320円	1,210円	1,320円	1,320円	1,320円	1,430円	×	1,430円	1,430円	1,430円
	52頁	46頁	50頁	50頁	50頁	48頁	44頁	48頁	46頁	42頁	44頁	46頁	48頁	62頁	×	56頁	56頁	54頁
淳心学院中学校	1,540円	1,540円	1,540円	1,430円	1,430円	1,430円	1,320円	1,320円	1,320円	1,320円	1,320円	1,320円	1,210円					
	66頁	70頁	66頁	62頁	62頁	60頁	44頁	44頁	44頁	44頁	44頁	46頁	42頁					
親和中学校	1,760円	1,870円	1,760円	1,540円	1,540円	1,540円	1,540円	1,540円	1,430円	1,430円	1,430円	1,430円	1,430円					
	94頁	108頁	94頁	76頁	74頁	76頁	74頁	74頁	56頁	54頁	54頁	54頁	56頁					
須磨学園中学校	1,980円	2,090円	2,090円	1,980円	2,090円	1,980円	1,980円	1,870円	1,980円	1,980円	1,980円	1,980円	1,980円	1,980円	1,980円	1,870円		
	118頁	124頁	134頁	120頁	124頁	112頁	114頁	110頁	116頁	122頁	122頁	118頁	120頁	116頁	114頁	104頁		
清教学園中学校	1,210円	1,540円	1,540円	1,540円	1,540円	1,540円	1,540円	1,540円	1,540円	1,540円	1,540円	1,540円	1,430円					
	38頁	72頁	70頁	70頁	72頁	70頁	66頁	68頁	68頁	70頁	68頁	68頁	64頁					
清風中学校	2,200円	2,090円	2,090円	2,200円	2,090円	2,090円	2,090円	2,090円	1,870円	1,980円	1,870円	1,870円	1,650円	1,540円	1,650円	1,540円		
	142頁	128頁	134頁	140頁	134頁	136頁	136頁	128頁	108頁	114頁	110頁	108頁	82頁	76頁	78頁	74頁		
清風南海中学校	赤本に収録	1,760円	1,760円	1,760円	1,760円	1,760円	1,760円	1,760円	1,760円	1,760円	1,760円	1,760円	1,760円	1,650円	1,650円	1,760円	1,650円	1,650円
		98頁	96頁	94頁	92頁	92頁	90頁	92頁	98頁	96頁	90頁	90頁	94頁	88頁	86頁	90頁	82頁	82頁
高槻中学校	1,870円	1,650円	1,650円	2,090円	1,980円	1,980円	2,090円	1,980円	1,540円	1,650円	1,540円	1,540円	1,540円	×	1,540円	×	1,540円	1,650円
	106頁	88頁	82頁	124頁	120頁	114頁	126頁	114頁	72頁	78頁	74頁	68頁	68頁	×	76頁	×	74頁	78頁
滝川中学校	1,760円	2,090円	1,870円	1,870円	1,760円													
	96頁	128頁	104頁	100頁	98頁													
智辯学園和歌山中学校	1,650円	1,650円	1,540円	1,540円	1,540円	1,540円	1,540円	1,540円	1,430円	1,540円	1,540円	1,540円	1,320円					
	80頁	80頁	74頁	72頁	72頁	70頁	74頁	74頁	64頁	74頁	76頁	70頁	46頁					
帝塚山中学校	2,090円	2,310円	2,310円	2,310円	2,310円	2,090円	2,090円	2,090円	2,090円	2,310円	2,090円	2,090円	2,200円	2,310円	1,540円	1,430円	1,430円	
	124頁	156頁	156頁	154頁	152頁	124頁	130頁	148頁	154頁	148頁	150頁	152頁	140頁	156頁	66頁	62頁	60頁	
帝塚山学院中学校	1,210円	1,210円	1,210円	1,210円	1,210円	1,210円	1,210円	1,210円	1,210円	1,210円	1,210円	1,210円	1,210円					
	42頁	38頁	36頁	36頁	38頁	36頁	36頁	34頁	36頁	34頁	34頁	34頁	36頁					
帝塚山学院泉ヶ丘中学校	1,320円	1,320円	1,210円	1,760円	1,650円	1,650円	1,650円	1,650円	1,320円	1,210円	1,210円	1,210円	1,210円					
	50頁	46頁	42頁	92頁	84頁	84頁	82頁	86頁	50頁	42頁	42頁	42頁	42頁					
同志社中学校	1,320円	1,320円	1,210円	1,210円	1,210円	1,210円	1,210円	1,210円	1,210円	1,210円	1,210円	1,210円	1,210円	1,210円	1,210円	1,210円	1,210円	1,210円
	48頁	44頁	40頁	40頁	40頁	40頁	40頁	40頁	42頁	40頁	40頁	40頁	42頁	40頁	38頁	40頁	38頁	36頁
同志社香里中学校	1,650円	1,650円	1,540円	1,650円	1,650円	1,650円	1,650円	1,650円	×	×	1,210円	1,210円	1,210円	1,210円	1,210円	1,210円	1,210円	
	86頁	78頁	76頁	78頁	80頁	78頁	80頁	78頁	×	×	38頁	38頁	40頁	40頁	38頁	42頁	40頁	
同志社国際中学校	1,320円	1,320円	1,320円	1,320円	1,320円	1,320円	1,210円	1,210円	1,210円	1,210円	1,210円	1,210円	1,210円					
	52頁	52頁	48頁	46頁	44頁	42頁	36頁	34頁	36頁	34頁	32頁	34頁						
同志社女子中学校	1,760円	1,760円	1,760円	1,760円	1,650円	1,650円	1,650円	1,650円	1,320円	1,320円	1,210円	1,210円	1,210円	1,210円		×	1,320円	1,320円
	96頁	98頁	96頁	92頁	84頁	86頁	82頁	86頁	46頁	46頁	46頁	42頁	42頁	40頁	42頁	×	44頁	44頁

※価格はすべて税込表示

学校名	2019年実施問題	2018年実施問題	2017年実施問題	2016年実施問題	2015年実施問題	2014年実施問題	2013年実施問題	2012年実施問題	2011年実施問題	2010年実施問題	2009年実施問題	2008年実施問題	2007年実施問題	2006年実施問題	2005年実施問題	2004年実施問題	2003年実施問題	2002年実施問題
東大寺学園中学校	赤本に収録	1,430円 58頁	1,430円 58頁	1,430円 54頁	1,430円 54頁	1,430円 56頁	1,320円 50頁	1,320円 52頁	1,320円 52頁	1,320円 48頁	1,320円 46頁	1,320円 44頁	1,320円 46頁	1,320円 48頁	1,210円 42頁	1,320円 46頁	1,320円 44頁	1,320円 46頁
灘中学校	赤本に収録	1,320円 48頁	1,320円 48頁	1,320円 52頁	1,320円 48頁	1,320円 46頁	1,320円 46頁	1,320円 44頁	1,320円 44頁	1,320円 46頁	1,320円 46頁	1,320円 46頁	1,210円 42頁	1,320円 46頁	1,320円 46頁	1,320円 46頁	1,320円 46頁	
奈良学園中学校	2,090円 132頁	1,980円 120頁	1,980円 120頁	1,980円 112頁	1,980円 116頁	1,870円 110頁	1,980円 114頁	1,870円 110頁	1,870円 108頁	1,870円 104頁	1,870円 106頁	1,870円 104頁	1,870円 102頁	1,870円 100頁	1,540円 68頁	1,540円 66頁		
奈良学園登美ヶ丘中学校	1,540円 70頁	1,540円 70頁	1,540円 68頁	1,650円 86頁	1,650円 80頁	1,650円 86頁	2,090円 126頁	2,090円 126頁	1,980円 120頁	1,870円 104頁	1,760円 98頁	1,760円 96頁						
奈良教育大学附属中学校	1,320円 44頁	1,210円 42頁	1,210円 38頁	1,210円 36頁	1,210円 38頁	1,210円 38頁	1,210円 36頁	1,210円 38頁	1,210円 36頁	1,210円 38頁	1,210円 36頁	1,210円 38頁	1,210円 38頁	1,210円 36頁	1,210円 38頁	1,210円 38頁		
奈良女子大学附属中等教育学校	1,210円 24頁	1,210円 24頁	1,210円 24頁	1,210円 24頁	1,210円 24頁	1,210円 24頁	1,210円 24頁	1,210円 24頁	1,210円 24頁	1,210円 24頁	1,210円 24頁	1,210円 24頁	1,210円 24頁					
西大和学園中学校	赤本に収録	2,200円 136頁	2,200円 140頁	1,430円 58頁	1,870円 100頁	1,760円 98頁	1,430円 54頁	1,430円 54頁	1,650円 84頁	1,650円 86頁	×	1,650円 80頁	×	1,650円 84頁	1,320円 48頁	1,320円 44頁	1,320円 46頁	1,320円 46頁
白陵中学校	赤本に収録	1,210円 36頁	1,210円 38頁	1,210円 36頁	1,210円 38頁	1,210円 36頁	1,210円 38頁	1,210円 36頁	1,210円 38頁	1,210円 36頁	1,210円 36頁	1,210円 34頁	1,210円 36頁	1,210円 34頁	1,210円 36頁	1,210円 34頁	1,210円 34頁	
東山中学校	1,320円 48頁	1,320円 50頁	1,320円 44頁	1,320円 46頁	1,320円 48頁													
雲雀丘学園中学校	1,650円 78頁	1,650円 80頁	1,650円 80頁	1,650円 78頁	1,430円 60頁	1,210円 32頁	1,210円 30頁	1,210円 30頁	1,210円 32頁	1,210円 30頁	1,210円 28頁	1,210円 28頁	1,210円 26頁	1,210円 26頁	1,210円 26頁	1,210円 26頁	1,210円 28頁	
武庫川女子大学附属中学校	1,650円 88頁	1,650円 78頁	1,650円 80頁	1,760円 90頁	1,650円 88頁	1,760円 92頁	1,760円 94頁	1,760円 96頁	1,760円 90頁	1,760円 94頁	1,650円 88頁	1,430円 56頁	1,430円 56頁					
明星中学校	1,980円 118頁	1,980円 116頁	1,980円 122頁	1,980円 116頁	1,980円 112頁	1,980円 112頁	1,980円 118頁	1,760円 92頁	1,650円 86頁	1,650円 86頁	1,650円 86頁	1,650円 86頁	1,650円 80頁	1,650円 84頁	×	1,650円 84頁		
桃山学院中学校	1,540円 74頁	1,650円 82頁	1,650円 80頁	1,540円 76頁	1,650円 78頁	1,650円 78頁	1,540円 74頁	1,540円 74頁	1,540円 78頁	1,540円 72頁	1,540円 66頁							
洛星中学校	赤本に収録	1,760円 98頁	1,870円 100頁	1,760円 96頁	1,760円 96頁	1,760円 92頁	1,870円 100頁	1,870円 102頁	1,760円 96頁	1,760円 96頁	1,760円 94頁	1,760円 96頁	1,760円 94頁	1,760円 94頁	1,650円 84頁	1,650円 82頁	1,650円 82頁	1,650円 84頁
洛南高等学校附属中学校	赤本に収録	1,430円 56頁	1,430円 56頁	1,430円 54頁	1,320円 52頁	1,320円 52頁	1,430円 54頁	1,430円 56頁	1,320円 52頁	1,430円 54頁	1,320円 50頁	1,320円 48頁	1,320円 52頁	1,320円 48頁	×	1,430円 60頁	1,430円 60頁	1,430円 58頁
立命館中学校	1,650円 82頁	1,650円 82頁	1,650円 78頁	1,650円 86頁	1,650円 80頁	1,540円 76頁	1,540円 72頁	1,540円 74頁	1,540円 72頁	1,540円 70頁	1,540円 66頁	1,540円 70頁	×	1,430円 58頁	1,430円 54頁			
立命館宇治中学校	1,650円 86頁	1,650円 82頁	1,650円 80頁	1,650円 78頁	1,540円 76頁	1,540円 76頁	1,540円 68頁	1,540円 72頁	1,540円 74頁	1,540円 74頁	1,540円 72頁	1,320円 52頁	1,320円 52頁	1,320円 52頁	1,320円 52頁	1,320円 52頁		
立命館守山中学校	1,650円 80頁	1,430円 64頁	1,540円 66頁	1,430円 64頁	1,430円 62頁	1,430円 60頁	1,430円 60頁	1,430円 58頁	1,430円 58頁	1,430円 56頁	1,430円 58頁	1,430円 64頁	1,430円 54頁					
六甲学院中学校	1,430円 58頁	1,430円 56頁	1,430円 56頁	1,430円 60頁	1,430円 56頁	1,320円 52頁	1,430円 56頁	1,320円 52頁	1,430円 54頁	1,430円 56頁	×	1,320円 50頁	1,430円 58頁	1,320円 50頁	1,320円 46頁	1,320円 52頁	1,320円 50頁	
和歌山県立中学校 (向陽・古佐田丘・田辺・桐蔭・日高附中)	1,210円 34頁	1,760円 90頁	1,760円 90頁	1,650円 86頁	1,650円 80頁	1,650円 88頁	1,540円 70頁	1,650円 78頁	1,760円 98頁	1,870円 108頁	1,650円 88頁	1,650円 78頁	1,540円 74頁					
愛知中学校	1,320円 48頁	1,320円 44頁	1,320円 46頁	1,320円 44頁	1,210円 42頁	1,210円 38頁	1,210円 34頁	1,210円 38頁	1,210円 38頁	1,210円 36頁	1,210円 36頁	1,210円 36頁	1,210円 34頁	1,210円 32頁	1,210円 30頁	1,210円 32頁	1,210円 28頁	
愛知工業大学名電中学校	1,320円 46頁	1,650円 86頁	1,980円 122頁	1,650円 82頁	1,650円 86頁													
愛知淑徳中学校	1,430円 54頁	1,320円 48頁	1,320円 46頁	1,320円 46頁	1,320円 44頁	1,210円 42頁	1,320円 46頁	1,320円 44頁	1,320円 44頁	1,320円 44頁	1,210円 42頁	1,210円 42頁	1,210円 40頁					
海陽中等教育学校	赤本に収録	1,760円 90頁	2,090円 132頁	2,090円 126頁	1,980円 122頁	1,980円 116頁	1,980円 112頁	1,980円 112頁	1,980円 112頁	1,540円 74頁	1,430円 64頁	1,760円 96頁	1,870円 110頁	1,870円 100頁				
金城学院中学校	1,320円 46頁	1,320円 44頁	1,210円 40頁	1,210円 42頁	1,210円 42頁	1,210円 38頁	1,210円 40頁	1,210円 42頁	1,210円 42頁	1,210円 38頁	1,210円 40頁	1,210円 40頁	1,210円 38頁	1,210円 36頁	1,210円 36頁	1,210円 24頁		
滝中学校	1,320円 48頁	1,320円 48頁	1,320円 46頁	1,320円 44頁	1,210円 40頁	1,210円 42頁	1,210円 40頁	1,210円 40頁	1,210円 42頁	1,210円 40頁	1,210円 40頁	1,210円 38頁	1,210円 42頁	1,210円 42頁	1,210円 40頁	1,210円 34頁	1,210円 36頁	
東海中学校	1,320円 50頁	1,320円 48頁	1,210円 38頁	1,320円 44頁	1,210円 42頁	1,320円 44頁	1,320円 44頁	1,210円 40頁	1,320円 44頁	1,210円 40頁	1,210円 42頁	1,210円 38頁	1,210円 40頁	1,210円 38頁	1,210円 36頁	1,210円 40頁	1,210円 36頁	
名古屋中学校	1,430円 56頁	1,320円 52頁	1,320円 50頁	1,320円 48頁	1,320円 50頁	1,320円 44頁	1,320円 44頁	1,210円 40頁	1,210円 40頁	1,210円 40頁	1,210円 36頁	1,210円 34頁	1,210円 40頁					
南山中学校女子部	1,430円 56頁	1,320円 50頁	1,320円 52頁	1,320円 50頁	1,320円 48頁	1,320円 46頁	1,320円 48頁	1,320円 46頁	1,320円 44頁	1,210円 42頁	1,320円 44頁	1,320円 46頁	1,320円 46頁	1,320円 44頁	1,210円 42頁	1,210円 42頁		
南山中学校男子部	1,320円 52頁	1,320円 50頁	1,320円 50頁	1,320円 46頁	1,210円 42頁	1,320円 46頁	1,320円 46頁	1,320円 44頁	1,320円 46頁	1,320円 46頁	1,210円 42頁	×	1,210円 40頁	1,210円 38頁	1,210円 40頁	1,210円 36頁		

愛知の中学（五十音順）

4

1．日本のすがた	問題 P．3～10

1 問1．Aは領土，Bは領海，Cは領空。

問2．略称はEEZ。

問3．排他的経済水域が設定されたことによって，日本の遠洋漁業は大きな打撃を受けた。

答 問1．A・B・C　問2．排他的経済水域

問3．沿岸国が，海洋資源などを独占的に調査・開発できる海域のこと。（同意可）

2 A．アは福井県，イは滋賀県，ウは和歌山県に位置する。

B．アは愛媛県，イは鹿児島県，ウは福井県に位置する。

D．アは長崎県，イは鹿児島県，ウは鳥取県に位置する。

E．「つがる」（津軽）は現在の青森県，「エチゼン」（越前）は福井県，「さつま」（薩摩）は鹿児島県の旧国名。

答 A．ウ　B．イ　C．ア　D．イ　E．ウ

3 問1．ユーラシア大陸は世界の六つの大陸のうち，最も面積の大きな大陸。

問2．北方領土には国後島のほか，択捉島，色丹島，歯舞群島が含まれる。

問3．(1) Bちゃんは「郵便局の方から」来て，帰りはそのBちゃんを「影が手をふって見送った」ので，夕方に影がのびる郵便局の方向，地図の左側が東，上が南。よって，老人ホームのあるD—4から左に3マス，上に2マス進んだA—2に宝をかくしたとわかる。

(2) 駅から神社までは8マスあるので，50×8から400mとわかる。

(3) 地図の1マスの1辺は50mなので，1マスの面積は，50×50＝2500m^2。田んぼは8つあるので，2500×8＝20000m^{2}となる。1haは10000m^{2}なので，2haとわかる。

(4) 寺のとなりに必ずあるのは広葉樹林。

答 問1．ユーラシア大陸　問2．北方領土　問3．(1) A（—）2　(2) 400（m）　(3) 2（ha）　(4) ア

4 問1．赤道は，アフリカのビクトリア湖やインドネシア，ブラジル北部などを通る。熱帯低気圧は，赤道よりやや緯度が高い地域で発生している。

問2．鉄道は，標高の変化が小さい場所の方が運行しやすい。また，乗降客数が多い駅は，平野部やその周辺に置かれていると考えられることから，★の周辺がなだらかで，河川より北の線路が等高線と等高線の間を通ることとなる。

問4．世界的に大雨や洪水などの被害が増加しており，地球温暖化による水蒸気の量の増加などが原因として考えられている。

問5．A．山形県は，すいかの生産量が全国3位（2021年）。

X．なすは，温暖な気候の県で生産量が多く，熊本県，福岡県ともに全国でも上位となっている。

問6．自動車には多くの部品が使用されており，それを組立工場で組み立てることで完成車となる。部品は中小工場などが分担して生産しており，自然災害によって一つの工場でも部品の生産が止まってしまうと，完成車の生産も止まってしまう。

答 問1．ウ　問2．イ　問3．東京都　問4．エ　問5．ウ

問6．自動車は多くの部品を組み立てて製造されており，一種類でも部品の供給が止まると全体の生産が止まってしまうから。（同意可）

5 ⅰ．「城山」の山頂の方が「船山」の山頂よりも標高が高く，2地点の間に視界をさえぎるような高い山はない。

ⅱ．鴨川はおよそ北から南に向かって流れているため，「左岸」ではなく，右岸が正しい。川は，上流から下流に向かって右側が右岸，左側が左岸と呼ぶように決められている。

答　カ

6　問1．(1)　阪神淡路大震災は，兵庫県淡路島の北部を震源とする地震によって発生した災害。

　　　(2)　東日本大震災は，東北地方の東の海底で起こった地震によってもたらされた災害。

　　　(3)　熊本地震は，熊本県を震源とする地震。

　問2．ア．熊本地震では，熊本城の石垣(いしがき)や天守閣などに大きな被害が発生した。

　　　イ．東日本大震災では，巨大な津波が太平洋側の地域に押し寄せ，建物が倒壊したり流されたりする被害が発生した。

　問3．Ⅰ．ボランティアとは，社会的な問題を解決するための活動に自らの意志で参加すること。

　　　Ⅱ．三陸海岸はリアス海岸であるため，津波の被害が増大した。

　　　Ⅲ．原子力発電所から放射性物質が放出されたため，現在でも人の住めない地域が残っている。

答　問1．(1) ウ　(2) イ　(3) エ　問2．ア．(3)　イ．(2)

　　問3．Ⅰ．ボランティア　Ⅱ．津波　Ⅲ．原子力　Ⅳ．熊本

2．日本の産業

問題 P．11〜20

1　問1．1)(北海道地方)　第一次産業が盛んであり，「農業生産額」や「漁業生産額」が大きい。一方，「工業生産額」は小さい。

　　　(近畿地方)　大阪府を中心に商業がさかんであり，「年間商品販売額」が関東地方に次いで大きい。また，阪神工業地帯も位置しており，「工業生産額」も中部地方や関東地方に次いで大きい。アは関東地方，イは中部地方，ウは東北地方，カは中国地方。

　　　2)　九州南部には，シラス台地が広がっており，鹿児島県・宮崎県・熊本県では畜産や畑作を中心とした農業が行われている。

　問2．それぞれのおおよその値は，農業生産額が9兆円，漁業生産額が1.2兆円，工業生産額（製造品出荷額等）が300兆円となっている（2020年）。

　問3．1)　小麦は消費量が多い反面，自給率が低いため，輸入量が多くなっている。

　　　3)　2022年には，世界の人口が80億人に達したと推計されており，特にアフリカでの増加が著しい。

答　問1．1)（北海道地方）エ　（近畿地方）オ　2) エ　問2．イ

　　問3．1) ア　2) 自給　3) 増加（同意可）

2　問1．(1)　貨物・旅客とも一番多い輸送手段は「自動車」。

　　　(2)　貨物輸送の二番目は，時間はかかるが多くの貨物を輸送できる「船舶」。

　　　(3)　日本は多くのエネルギー資源を輸入しており，原油はタンカー，天然ガスはLNG専用船などで輸送される。

　問2．②　「濃尾平野」は愛知県と岐阜県にまたがる平野で，太平洋側に位置している。

　　　③〔1〕A)　自動車工業がさかんな愛知県を含む工業地帯。

　　　　B)　和歌山市や加古川市などで鉄鋼業がさかん。中小工場も多い。

　　　　C)　政治・経済・文化の中心で，印刷業がさかんな東京都を含む工業地帯。

　　　　D)　八幡製鉄所を中心に発展してきた工業地帯。炭鉱の閉鎖や大消費地から遠いことなどから地位が低下している。

　　　〔2〕　第二次世界大戦後，瀬戸内海沿岸の埋め立て地や塩田，軍用地のあと地に重化学工業の大工場が多くつくられた。

　　　④(Ⅲ)　越後平野を中心に稲作がさかん。

　　　(Ⅳ)　ブランド米の「あきたこまち」が有名。

　　　⑤〔1〕　タイはおもに暖かい海に生息する。

　　　　〔2〕　日本海を北上する暖流。

答 問1.（1）あ　（2）い　（3）い

問2.　①（Ⅰ）い　（Ⅱ）え　②う　③〔1〕A）え　B）う　C）い　D）あ　〔2〕瀬戸内（工業地域）

④（Ⅲ）あ　（Ⅳ）う　⑤〔1〕う　〔2〕対馬（海流）

③　問1.　「養殖漁業」ではなく，栽培漁業の説明。

問2.　1993年の全国的な冷害による米の大凶作の年に緊急輸入がおこなわれたことや，1995年以降，ミニマム・アクセスなどで輸入量が増えたことがポイント。

問3.　日本は食料の多くを輸入に頼り，輸送距離も長いため，フード・マイレージの数値が他国に比べて高い。

問4.　輸入される多くの農産物に生産地の情報は表示されているが，生産者の情報は表示されていない。

答 問1.　ウ　問2.　エ　問3.（フード・）マイレージ　問4.　ウ

④　問1.　アは北海道，イは鹿児島県，エは千葉県。九州南部に位置する宮崎県と鹿児島県はともに豚や鶏の畜産がさかんな県だが，鹿児島県は特に豚の飼育数が多い。

問3.　重化学工業に当たるのは，金属工業，化学工業，機械工業。それらの生産額を合わせて全体に占める割合を求めると，（40＋43＋127）÷290×100＝72.4から，小数第1位を四捨五入して72％となる。

問4.　北部に四国山地が位置する高知県は，広い平野が少なく，山地の占める割合が高い。イは北海道，ウは愛知県，エは大阪府。

問5.　畑の地図記号が見られる地図であることと，嬬恋村は高原に位置するため，標高の高さにも注目する。

問6.　「人口は最も多い」が誤り。ウは③の自治体に当たるため，人口は2番目に多い。

答 問1.　ウ　問2.　沖合（漁業）　問3.　72（％）　問4.　ア　問5.　エ　問6.　ウ

⑤　問1.　先に問2〜問10までの問題文を読むこともヒントとなる。Aは北海道，Bは鹿児島県，Cは茨城県，Dは宮崎県，Eは熊本県，Fは千葉県，Gは青森県，Hは愛知県，Iは栃木県，Jは岩手県。(1)は産出額の合計が(1)〜(4)の中で最も多いことに注目。日本の農業産出額は，畜産の割合が最も高く，次いで野菜，米の順となっている。(4)の果実では，産出額1位のG（青森県）がりんご，3位の和歌山県がみかん，4位の山梨県がぶどう・もも，5位の山形県がさくらんぼの収穫量が全国1位の県となっている。

問2.　石狩平野は北海道最大の平野で，客土により泥炭地を改良し，広大な水田地帯となっている。また，十勝平野は北海道東部に位置する平野で，広大な土地を利用し，輪作によってじゃがいもや小麦，てんさいなどを栽培している。

問3.　大麦は佐賀県が収穫量全国1位（2021年）。

問4.　シラス台地では，農業用水の整備などによって，茶や野菜の生産が増加している。

問5.　ほかの地域での出荷量が少なく，価格の高い時期に出荷するための工夫がされている。

問6.　火山活動がさかんな時期に降り積もった火山灰地が広がっている。

問7.　日本で最も流域面積の広い河川。

問9.　特に東北地方の太平洋側における稲作が冷害の影響を強く受ける。

問10.　1.　愛知県南部に位置する半島。都市向けに野菜や花などを栽培する園芸農業がさかん。

　　　2.　かつての渥美半島は，大きな川がないことから日照りの害に悩まされることが多かった。

問11.　愛知県の県庁所在地であり，政令指定都市でもある。

問12.　Aの札幌市，Cの水戸市，Hの名古屋市，Iの宇都宮市，Jの盛岡市があてはまる。

問13.　地図で黒くぬられている兵庫県，岡山県，愛媛県はA〜Jに含まれていないことに注意。

答 問1.（1）畜産　（2）野菜　（3）米　（4）果実　問2.（稲作）石狩（平野）　（畑作）十勝（平野）　問3.（い）

問4.　シラス　問5.　促成栽培　問6.　関東（平野）　問7.　利根（川）　問8.　いちご　問9.　やませ

問10．1．渥美　2．豊川　問11．名古屋(市)　問12．5　問13．近畿地方・中国地方・四国地方

３．日本各地の様子

問題 P. 21～34

⬜1 問１．日本の標準子午線でもある東経135度線は，兵庫県明石市などを通る。北緯40度線は，中国の北京やアメリカのニューヨークを通る緯線で，日本では秋田県の大潟村などを通る。

問２．誤っているのは，京都市と大津市の位置。

問３．舞鶴は，降雪による冬の降水量が多い日本海側の気候。姫路は，年間を通して降水量が少ない瀬戸内の気候。潮岬は，台風などの影響により夏の降水量が多い太平洋側の気候。

問４．「かに類」は日本海側で漁獲量が多いことに注目。

問５．ｂ．「南に位置する島」とは淡路島のことで，明石海峡大橋で本州と結ばれているが，この橋は自動車専用道路。

問６．輸送にかかる時間や燃料を減らすことができるため，環境にもやさしいというメリットがある。

問７．(1)あ．滋賀県の旧国名でもある。

　　　(2)　地面がしずみこむ現象。

問９．(1)　鳥居をかたどっている。

　　　(2)ａ．「労働力」の呼び込みは，働き手を増やすために行っており，人口を増やすためではない。

問10．アはイタイイタイ病，イは新潟（第二）水俣病，ウは水俣病，エは四日市ぜんそくの説明。

問11．⑦は，みかんの生産もさかんな和歌山県。

問12．(1)　①は兵庫県，②は京都府，⑥は三重県。兵庫県には神戸空港などがある。

　　　(2)イ．海に面していない都道府県は③の滋賀県と⑤の奈良県。人口の合計は273万人で，④の3分の1程度。

　　　　　エ．農業産出額が最も多いのは①の兵庫県。製造品出荷額が最も多いのは④の大阪府。

　　　　　オ．第2次産業の就業者数は，（人口）×（第2次産業就業者の割合）÷100で求められる。④の大阪府が最も多い。

答 問１．ア　問２．②・③　問３．カ　問４．①　問５．イ

問６．その地域で生産した農産物などを，その地域で消費すること。(同意可)

問７．(1)あ．近江　い．淀　(2)地盤沈下　問８．イ　問９．(1)⛩　(2)ウ　問10．エ　問11．梅（うめ）

問12．(1)オ　(2)ア・ウ

⬜2 問１．濃尾平野は，愛知県の北西部や三重県北部，岐阜県の南西部に広がる平野。

問２．堀田は，土を掘って水路を設けるとともに，その土を用いて田の部分を高くすることで，水はけを良くした田。輪中は河川より海抜が低く，田や畑に水がたまりすぎてしまうため，水はけを良くする必要があった。

問３．北関東工業地域の発展などからⅠは1960年，Ⅱは2019年を表しているとわかる。中京工業地帯は，現在において日本の工業地帯・地域で最も出荷額が大きい。また，ウの北九州工業地域が伸び悩んだため，東海工業地域の出荷額は北九州工業地域を上回った。アは京浜工業地帯。

問４．Ⅳ．日系ブラジル人の多くは，出稼ぎ労働者として工場などで働いており，自動車工業の盛んな群馬県や愛知県などに多い。Ⅲは中国，Ⅴは韓国・朝鮮。

　　　（高位）愛知県や静岡県，群馬県などは，第2次産業人口比率が高い。イは中位，ウは低位。

問５．大垣市とＤを結ぶ線は濃尾平野を通るため，大垣市の周辺は標高の低い地域が続く。また，東側では赤石山脈を通るため，標高が非常に高くなる。Ａはイ，Ｂはア，Ｃはエがあてはまる。

問６．静岡は太平洋側の気候に属し，夏の気温は高い。京都も盆地に位置することから夏の気温は高いが，内陸性の気候となるので，静岡よりも気温の年較差が大きい。ウは上越，エは長野。

問7．(1)　菊は，日照時間が短くなると開花する性質があるため，人工的に光を当てることで開花を遅らせ
　　　る抑制栽培が行われている。こうした方法で栽培された菊は，電照菊という。

　　　(2)(愛知用水)　木曽川は，長野県を水源とし，岐阜県や愛知県を通り，三重県で伊勢湾に注ぐ河川。

　　　(豊川用水)　渥美半島には大きな川が無いため，水の確保に苦労していたが，天竜川の水を利用し
　　　た豊川用水が整備されたことで，野菜や花の生産が盛んになった。

　　　(明治用水)　江戸時代後半に測量が開始され，明治時代前半に工事が完了した。

問8．七里の渡しは海路を行くため，旅人は船賃を払わなければならず，海上で事故にあう危険性もあった。

🈴　問1．(右図)　問2．ア　問3．(中京)イ　(東海)エ

　　問4．Ⅳ．ブラジル　(高位)ア　問5．ウ　問6．イ

　　問7．(1) 出荷時期を他の産地とずらす（同意可）(2)イ　問8．ウ

③ 問1．X．関門海峡は本州と九州の間にある海峡。

　　　Y．鳥海山は山形県と秋田県の県境に位置する活火山。

　　　Z．十勝平野は北海道の南東部に広がる畑作がさかんな平野。

問2．県庁所在地はそれぞれ，静岡県が静岡市，三重県が津市，岡山県が岡山市。

問3．北海道の気候は冬の気温が低く，一年を通して降水量が少ないという特徴がある。

問4．北海道でのラベンダーの見頃は夏。

🈴　問1．オ　問2．ア　問3．イ　問4．イ

④ 問1．1．濃尾平野を流れて伊勢湾へ注ぐ川。

　　　2．海津市の輪中地帯は，海面よりも低い土地になっている。

　　　3．佐藤栄作内閣が，沖縄の日本復帰を実現させた。

　　　4．きくは，日照時間が短くなると成長し，花を咲かせる性質をもつ。電灯を使って日照時間を延ば
　　　すことで，成長を抑えることができる。

　　　5．強制的な米の生産調整は，2018年度に廃止された。

　　　6．ユネスコが認定する「ユネスコ世界ジオパーク」と，日本ジオパーク委員会が認定する「日本ジ
　　　オパーク」がある。

問2．海津市の輪中地帯は，江戸時代や明治時代におこなわれた大規模な治水工事によって水害が減った。

問3．沖縄県では，日照りや台風にも強く，気温や湿度の高い気候に合ったサトウキビの栽培がさかん。グ
　　ラフのbは飼料（牧草），cは野菜の作付け面積を表している。

問4．エは山形県を流れて日本海へ注ぐ川。アは秋田県を流れて日本海へ注ぐ川。イは岩手県から宮城県へ
　　流れて太平洋へ注ぐ川。ウは諏訪湖から流れ出し，静岡県から太平洋へ注ぐ川。

問6．キャベツの栽培は，すずしい気候が適している。グラフのアは愛知県，エは長野県。

問7．抑制栽培や促成栽培は，価格が高い時期に出荷するための工夫といえる。

問8．アは秋田県，ウは長野県，オは栃木県，カは愛知県，クは鹿児島県の形。

🈴　問1．1．木曽　2．輪中　3．1972　4．電照　5．転作　6．ジオパーク　問2．治水　問3．ウ

　　問4．エ　問5．品種改良　問6．(この県)ウ　(茨城県)イ　問7．抑制栽培

　　問8．A．エ　B．イ　C．ケ　D．キ

⑤ 問1．(1)　日本の国土面積は約37万8000km²，北海道の面積は約8万4000km²。

　　　(2)　岩手県の西部には，奥羽山脈が南北に連なっており，岩手県東岸の三陸海岸は，出入りの激しい
　　　リアス海岸となっている。あは新潟県，うは福島県，えは長野県の説明。

　　　(3)A．新潟県は日本海側の気候のため，冬の降水（降雪）量が多い。

　　　B．福島市は太平洋側に位置しており，夏と台風時の降水量が多く，冬には少なくなる。

　　　C．長野市は標高が高く，冬の平均気温が0度を下回る。また，周囲を山に囲まれた盆地のため，
　　　年間を通じて降水量は少ない。

(4)　高潮は，台風による強風や低気圧によって海面が上昇する現象であり，海に面していない長野県では起こらない。

(5)　あは博物館（美術館），いは図書館，うは風車，えは老人ホームの地図記号。

問2．(1)　1人あたりのおよその耕地面積は，Xが14.2ha，鹿児島が2.1ha，茨城が1.6ha，千葉が1.5ha，宮崎が1.5haであり，Xが最も広い。

(2)　北海道は，農業産出額の「総額」と「耕地面積」が全国で最も大きい。

(3)　茨城県や千葉県では，大都市の近くで野菜などを生産し，新鮮なうちに供給する「近郊農業」が行われている。

答　問1．(1) い　(2) い　(3) お　(4) え　(5) お

問2．(1) あ　(2) 北海道　(3) 東京に近く，大消費地に新鮮な農産物を供給できるから。（同意可）

6　問1．兵庫県西宮市と愛知県小牧市を結ぶ日本で最初に開通した高速道路。

問2．内陸県は，奈良県，滋賀県，岐阜県，長野県，山梨県，群馬県，埼玉県，栃木県の8県。名神高速道路は，兵庫県から大阪府，京都府，滋賀県，岐阜県を経て愛知県に至る。

問3．内陸県のうち，奈良県以外はいずれかの内陸県と隣接している。山梨県と隣接している内陸県は長野県と埼玉県であり，5つの内陸県を通るので，岐阜県→長野県→群馬県→栃木県→埼玉県の順となる。

問4．中山道は，現在の中部地方の内陸部を通って京都と江戸を結ぶ街道。甲州街道は，江戸から甲府を経て信濃国（現在の長野県）へ至り，下諏訪で中山道と合流する街道。

答　問1．名神高速道路　問2．滋賀県

問3．1) (X→)岐阜県→長野県→群馬県→栃木県→埼玉県(→山梨県)　2) (X→)④→③→①→⑤→②(→山梨県)

問4．中山道・甲州街道

4．世界と日本のつながり　　　　　　　　　　　　　　　　　　問題 P．35〜40

1　問1．「小麦」は涼しく乾燥した地域，「米」は暖かく雨も比較的多い地域でよく栽培される。また日本は，米以外の農産物自給率が低く，中でも小麦の自給率は特に低い。①はタイ，③はブラジル，④はフランス，⑤は日本。

問2．Xはカナダ，Yはブラジル。「コーヒー豆」は赤道周辺に位置する国々で多く生産されている。「石炭」は，総輸入量の半分以上をオーストラリアから輸入している点では鉄鉱石と同じだが，2番目に多く輸入している国はインドネシア。

答　問1．ア　問2．① E　② C　X．ア　Y．イ

2　(1) I．福島県や若狭湾沿岸などに位置することに注目。

Ⅱ．火力発電所は沿岸部の工業地域に隣接して立地することが多い。

Ⅲ．山間部のダムを利用して発電している水力発電所。

(2)　鉄鉱石も石炭も，必要量の半分以上をオーストラリアから輸入している。

(3)　原油はサウジアラビアなど，ペルシア湾沿岸国から多く輸入している。

(4)　バイオマス発電では，実質的に二酸化炭素を排出しないとされている。

答　(1) ウ　(2) X．鉄鉱石　Y．石炭　(3) サウジアラビア　(4) バイオマス（発電）

3　問1．毎年9月にニューヨークで国連総会が行われている。

問3．イ．ロシア連邦は世界最大の面積をもつ国。世界で2番目に面積が大きい国はカナダ。オ．アメリカ合衆国の北部は比較的冷涼な気候で，南部は温暖な気候となっている。

問4．1．近年めざましい成長を遂げているBRICSの一員で，「世界の工場」と呼ばれ，現在は日本の最大の貿易相手国となっている。

　　2．かつて日本の最大の貿易相手国であった国。

　　3．日本と同じく，原料を輸入して製品を輸出する加工貿易で成長してきた国。

答 問1．イ　問2．（中国）く　（フランス）う　（ロシア連邦）き　（イギリス）あ　（アメリカ）こ

　問3．イ・オ　問4．1．中国　2．アメリカ　3．韓国（または，大韓民国）

④ 問1．アは石炭，イは鉄鉱石，エは原油の日本の輸入相手国上位3か国。

　問2．アは鉄鋼，イはせんい，エは化学製品。

　問3．燃料の輸入額は増加したが，機械類の輸入額を上回ってはいない。

　問4．沖合漁業の漁獲量が1990年代以降に大きく減少した影響が見られるAが「魚・貝類」，1991年にオレンジが輸入自由化された影響が見られるBが「果物」と判断する。

答 問1．ウ　問2．ウ　問3．エ　問4．オ

5．地理総合

問題 P．41〜52

① (2) aは冬の降水量が多いので日本海側の福井，bは特に9月〜10月の降水量が多いので太平洋側の横浜。cは冬の気温が0度前後なので中央高地に位置する松本。

　(3)① りんごは冷涼な地域での栽培が適している果物。

　　② 飛驒山脈，赤石山脈，木曽山脈を合わせて「日本アルプス」という。

　(4)① アは日本三景の1つ。イは埋め立てによりつくられた島，ウはリアス海岸，エはカルデラ湖。

　　②Y．禅宗が日本に伝えられたのは鎌倉時代。

　　③ bは「石油・石炭製品」から千葉県，cは「印刷」から東京都と考えられる。

　　④ 重量が重いと考えられる「自動車」や「建設・鉱山用機械」，「内燃機関」が含まれないイは成田国際空港。「自動車」が1位のア，ウのうち，輸出額が多いウが名古屋港。

　(5)② 江戸時代には五街道が整備され，街道沿いに宿場町が整備された。

　　③ 「若狭」は，現在の福井県南西部の旧国名。

　　④ Eは「原子力発電量」から福井県と考えられる。奈良県は世界遺産などの文化財が多く観光客が多いが，2020年は新型コロナウイルスの影響で外国人観光客が減った。

　(6) 2023年末までは，福井県には新幹線が通っていなかったが，2023年3月に北陸新幹線が敦賀まで延伸した。

　(7) イギリスは島国で日本より面積が小さい。

答 (1)イ　(2)ア　(3)①エ　②エ　(4)①ア　②イ　③群馬　④エ　(5)①ア　②宿場　③イ　④ウ

　(6)ウ　(7)エ

② (1)① 燃料電池自動車は，車内のタンクから供給される「水素」と空気中の酸素を反応させて走行する。

　　② 中国は，自動車の生産・販売台数が世界で最も多く，アメリカがそれに次ぐ。

　(2) 前橋市は，梅雨や季節風，台風の影響で6〜10月の降水量が多くなる一方，冬にはからっ風と呼ばれる冷たく乾いた風が吹くため，降水量が非常に少なくなる。アは長野市，ウは千代田区，エは上越市。

　(3) 小売業商品販売額は，県庁所在地が上位に入っている。製造品出荷額は，石油化学工業の発達している岡山県倉敷市や山口県周南市，自動車工業の発達している広島市などが上位に入っている。

　(4) イギリスは，2016年の国民投票で離脱賛成派が過半数に達したため，2020年にEUから離脱した。

　(5)b．天然林の割合は59％で，人工林よりやや多い。

　　c．「ミズナラ」や「ブナ」は広葉樹に分類される。

　(6) 木曽川は，長野県を水源とし，南西に流れて伊勢湾に注ぐ河川で，岐阜県の中・南部と長野県の南西部などを流域としている。

　(7) 長野県では，夏でも涼しい気候を生かした高原野菜の栽培が盛んであり，他の地域で生産しにくい夏に

レタスを出荷している。イはなす，ウはかぼちゃ，エは切り花のキク類。

(8)　神奈川県は，自動車を中心とした輸送用機械器具製造業が盛んであったが，他の地域に工場が移転したため，出荷額の全国に占める割合は低下した。アは愛知県，イは静岡県，エは大阪府。

(9)　太陽光発電による発電電力量は，火力発電と比較して小さい。また，河川が短く水力発電が難しい沖縄県においても，小規模ながら太陽光発電が行われている。また，佐賀県では玄海原子力発電所が稼働している。アは火力発電，ウは水力発電，エは原子力発電。

(10)　a は福岡県，b は熊本県，c は宮崎県の駅。人口が多く，人口密度の高い福岡県は列車の本数も多いと考えられる。また，b の区間は九州新幹線の路線とかぶっており，在来線の特急が走っていない。

(11)　医薬品は海外からの輸入が多い。また，半導体等電子部品は小型・軽量で航空機による輸送に向いている。半導体等製造装置とは，半導体デバイスを製造するための装置のこと。

(12)　トレーサビリティーとは，商品の生産から消費までの流通経路を，追跡できる状態にすることを指す。日本では，米や米の加工品，牛肉にトレーサビリティーが義務付けられている。

(13)　タイは，養殖による収穫量が漁業による漁獲量を大幅に上回っている。アはイワシ，イはサンマ，ウはブリ類。

(14)　東北地方では，中央を走る奥羽山脈付近や，西部にも活火山が分布しているが，東部の沿岸部には存在しない。アは鳥海山，イは蔵王山，ウは磐梯山。

答　(1)① エ　② ウ→ア　(2)イ　(3)ウ→イ　(4)ア　(5)ウ　(6)ウ　(7)ア　(8)ウ　(9)イ　(10)ア→ウ
(11)カ　(12)ウ　(13)エ　(14)エ

3　問1．野菜は，消費者が多い大都市へ新鮮な状態で出荷するために，その近郊で栽培されることが多い。米は新潟県の生産量が日本一であることからウ。乳用牛は冷涼な気候で飼育されるのでア。肉用牛はエで，特に鹿児島県や宮崎県での生産がさかん。

問2．土砂災害は山間部や川の下流部，津波は太平洋などの外海に面した沿岸部で被害を受けやすい。

問3．名古屋港は，中京工業地帯で生産された自動車を多く輸出する港であることから，X が輸出，Y が輸入。一方，東京港は，首都圏の人々の生活を支える多くの物資を輸入している港であることに注目。

問4．モーダルシフトをおこなえば最寄りの転換拠点となる場所までか，もしくは最寄りの転換拠点からの運転だけで済むため，温室効果ガスの排出削減につながるとされている。

答　問1．イ　問2．ア　問3．ア　問4．モーダルシフト

6．古代〜武士の世の中

問題 P．53〜66

1　問1．1．登呂遺跡は，静岡県にある弥生時代の集落跡。

　　　　2．吉野ヶ里遺跡は，佐賀県にある弥生時代の集落跡で，周囲を堀で囲まれた大規模な環濠集落跡となっている。

　　　　3．纒向遺跡は，奈良県にある3〜4世紀の大規模な遺跡で，前方後円墳や大型の建物跡などが発見されている。

　　　　4．まじないの力によって国を治めた，邪馬台国の女王。

　　　　5．法隆寺は，斑鳩の地に聖徳太子が建立した寺院で，現存する世界最古の木造建築物となっている。

　　　　6．三内丸山遺跡は，青森県にある縄文時代の集落跡。大型の建物跡や，原始的な農業の跡が発見されている。

　　問2．卑弥呼が魏の皇帝に使者を送り，親魏倭王の称号と金印や銅鏡が与えられたことなどが，『魏志』倭人伝に記されている。

　　問3．縄文時代は，約1万3000年前から紀元前4世紀ごろまで続いた。三内丸山遺跡は，縄文時代前期から中期にかけての遺跡。

　　問4．吉野ヶ里遺跡は，特に価値の高い遺跡（特別史跡）として国に指定されているが，世界遺産には登録されていない。

　　問5．銅鐸は弥生時代の遺跡から出土する青銅器。

　　答　問1．1．静岡県　2．佐賀県　3．奈良県　4．卑弥呼　5．奈良県　6．青森県　7．江田船山　8．稲荷山

　　　　問2．ア　問3．イ　問4．エ　問5．ウ

2　問1．朝鮮半島から伝わった仏教が広まり，寺や仏像が多くつくられるようになった。

　　問2．㋐は607年，㋑は5世紀ごろ，㋒は7世紀後半，㋓は弥生時代のできごと。

　　問3．694年に奈良盆地の南部につくられた。

　　問4．⑴　律は刑罰の決まり，令は政治の決まりのこと。

　　　　⑵　都には「運脚」とよばれる農民らによって運ばれた。

　　問5．当時の紙は貴重だったため，紙の代わりに木札に文字を記していた。

　　問6．あ　唐の制度や文化を取り入れるために，630年以降，日本から唐に送られた使者。

　　　　い　国風文化では，かな文字により，優れた文学作品が生み出された。

　　問7．⑴　中大兄皇子とともに大化の改新をすすめた人物。

　　　　⑵　藤原氏は，摂政（幼少の天皇の政治を代行する）や関白（成人した天皇を補佐する）の職につき，政治の実権をにぎった。

　　問8．日本の風景や風俗を主題にした絵画。

　　問9．㋐・㋑は江戸時代の農業の特徴。

　　問10．⑴　室町幕府の3代将軍。㋐は鎌倉幕府の初代将軍。㋒は天下統一をめざした，戦国時代〜安土桃山時代の武将。㋓は江戸幕府の初代将軍。

　　　　⑵　勘合を用いた朝貢形式の貿易であった。㋐は豊臣秀吉，㋑は鎌倉幕府2代執権の北条義時，㋒は織田信長，㋓は江戸幕府2代将軍の徳川秀忠がおこなったこと。

　　　　⑶　足利義満は，京都の室町に建てた花の御所で政治をおこなった。

　　答　問1．寺　問2．㋓→㋑→㋐→㋒　問3．㋑　問4．⑴律令　⑵調　問5．木簡

　　　　問6．あ　遣唐使　い　かな

　　　　問7．⑴㋐　⑵娘を天皇と結婚させ，生まれた子を天皇にたてて，天皇にかわって政治をすすめることで

力をもった。(同意可)

問8．大和絵　問9．(ウ)・(エ)　問10．(1)(イ)　(2)(オ)　(3)京都府

3　問1．あ．江戸から会津にのびる街道は奥州街道。「中山道」は江戸の日本橋と京都を内陸経由で結んだ。

　　　い．日本海側の各地域と大阪を結んだのは西廻り航路。東北地方から太平洋側の各地域と江戸を結ん
　　　　　だのが「東廻り航路」。

問2．2025年にも大阪で開催予定。

問3．江戸時代に大名が年貢米や特産物を売りさばくために設けた蔵屋敷が建ち並んだことから，このよう
　　に呼ばれた。

問5．ききんのときに農村では百姓一揆がおこった。

問6．天保のききんの際に大阪でも多くの餓死者(がし)が出たにもかかわらず，江戸幕府が有効な対策を取らな
　　かったことが反乱の要因となった。

問7　あ　武士は藩校などで学んでいた。寺子屋では町人の子だけでなく農民の子も学んでいた。

問8．6世紀の中ごろに伝わったとされ，蘇我氏や聖徳太子などが積極的に受け入れようとした。

問9．(1)　国学の発達によって皇室を尊び，天皇による政治を復活すべきという考え方がしだいに強まりは
　　　　　じめた。

　　　(2)　アは正確な日本地図を作成した人物。ウは『解体新書』を出版した人物。エは元禄文化期に浮世
　　　　　草子で活躍した人物。

問10．日本が唯一交易を許可していたヨーロッパの国はオランダ。「和蘭」と表記された。

問11．蛮社の獄とは，江戸幕府が異国船打払令によりアメリカのモリソン号を砲撃した事件を批判した蘭学
　　者の高野長英らが処罰された事件。

問12．モースが発見したのは東京の大森貝塚。「岩宿遺跡」を発見したのは相沢忠洋。

答　問1．エ　問2．万国博覧会　問3．天下の台所　問4．田沼意次　問5．打ちこわし

　　問6．大塩平八郎　問7．ウ　問8．ア　問9．(1)国学　(2)イ　問10．蘭学　問11．イ　問12．エ

4　問1．Ⅰ．世界文化遺産に登録されている元興寺(がんごう)の屋根瓦は飛鳥時代につくられたもの。

問3．東大寺の大仏は「大仏造立の詔」が出された743年から9年後の752年に完成した。

問4．イ．鎌倉幕府が滅亡したのは1333年で，14世紀前半のこと。

　　　ウ．元は高麗を支配下においた後，日本に襲来した。

　　　エ．幕府は，御家人に十分な恩賞を与えることができなかった。

問5．Ⅰ．有田焼は豊臣秀吉の朝鮮出兵の際に連れてこられた朝鮮の陶工によってつくられるようになった。

　　　Ⅱ．羽柴秀吉率いる織田軍が毛利氏を攻める中で，本能寺の変により織田信長は亡くなった。

答　問1．ウ　問2．風土記　問3．イ　問4．ア　問5．エ

5　問1．くりやどんぐりなどの木の実が豊富な時期。

問3．特に巨大な古墳が近畿地方に多くみられる。

問4．「大宰府・水城」は，現在の福岡県におかれた。

問5・問6．室町幕府3代将軍の足利義満は，倭寇の取りしまりをおこない，勘合を用いた日明貿易を始めた。

問7．ウは足利義満が建てた金閣。アは雪舟の水墨画。イは銀閣の東求堂(とうぐ)でみられる書院造の部屋。エは
　　龍安寺(りょうあん)の石庭。

問8．太閤検地は，1582年から1598年までおこなわれたが，江戸時代初期にも引き続いて検地はおこなわ
　　れた。

問9．安土城を建て，天下統一を目指したが，本能寺の変で明智光秀に討たれた人物。

問10．御家人が鎌倉幕府の将軍のために軍役を果たすことを「奉公」といった。

問11．藤原道長は，平安時代中期に摂関政治の全盛期を築いた人物。ウは「世の中のすべてが自分の思い通
　　りになっている」という意味でよんだ歌。

問12. 飛鳥時代に活躍した日本初の女性天皇。

問13. 仏教や儒教の考え方が取り入れられている。

問14. Bは元の皇帝フビライ・ハンから手紙が送られてきた鎌倉時代中期の様子。Cは平安時代の様子。Aはすごろくの⑨，Dはすごろくの④に入る。

答 問1．エ　問2．邪馬台国　問3．古墳　問4．イ　問5．倭寇　問6．イ　問7．ウ　問8．エ
問9．織田信長　問10．御恩　問11．ウ　問12．推古（天皇）　問13．十七条の憲法
問14．B．⑩　C．⑦

6　問1．「織田信長」は安土城を建て，天下統一を目指したが，本能寺の変で明智光秀にうたれた人物。「大阪の陣」は，徳川家康が豊臣氏をほろぼした，1614，1615年の二度にわたる戦い。

問2．自分の子を天皇の位につけるため位をゆずり，上皇として政治を動かした。

問3．大阪府の堺市，羽曳野市，藤井寺市にある古墳群が登録された。

問4．(1)　Aの「平安時代」は18〜20回目の3回のみ。C・Dの遣唐使船の航路は，663年の白村江の戦いの後から朝鮮半島にあった新羅との関係が悪くなり，変更された。

　　(2)　唐の衰えや航海の危険性などを説き，遣唐使の中止を進言した。

問5．エは平安時代について述べた文。

問6．平等院鳳凰堂は，藤原頼通が京都の宇治に造らせた建物。Aの「書院造」は銀閣などでみられる建物の建築様式。Dは奈良県にある法隆寺について述べた文。

問7．写真の金堂（大仏殿）には，大仏がまつられている。

問8．B．「近畿地方」だけでなく，九州地方から東北地方南部までつくられた。
　　D．「九州北部」ではなく，奈良盆地を中心とする地域（大和地方）が正しい。

答 問1．イ　問2．白河　問3．大阪府　問4．(1)ウ　(2)菅原道真　問5．エ　問6．ウ　問7．東大寺
問8．ア

7　問1．アは弥生時代の遺跡で奈良県に，イは弥生時代の遺跡で佐賀県に，ウは縄文時代後期以降の遺跡で福岡県に位置する。

問2．イはやじり。矢の先に取り付けて狩りに用いる道具で，縄文時代から使用されるようになった。アはくわ，ウはすき，エは田げた。

問4．仏教は，6世紀に百済の王から正式に日本に伝えられた。

問5．X．前方後円墳は「近畿地方」でつくられはじめ，その後，各地でつくられるようになった。
　　Y．『風土記』は，奈良時代に天皇の命令でまとめられた。

問6．ウの土偶は，まじないに用いられた縄文時代の土製の人形。ア・エは形象埴輪，イは円筒埴輪。

問7．藤原京は，694年から710年にかけての都で，道路が碁盤の目のようにはりめぐらされていた。

問8．Ⅰは720年，Ⅱは710年，Ⅲは741年の出来事。

問9．聖武天皇は，743年に大仏建立の詔を出し，東大寺に盧舎那仏を造立した。

問10．Y．唐から来日し，僧が守るべき戒律を伝えた「鑑真」の説明。

答 問1．エ　問2．イ　問3．渡来人　問4．ウ　問5．エ　問6．ウ　問7．ア　問8．ウ
問9．開眼（式）　問10．イ

7．日本の近・現代	問題 P．67～74

① 問1．Ⅰは1868年，Ⅱは1864年，Ⅲは1866年の出来事。

問2．写真は「東海道五十三次」の作品の一部。

問3．ア．大名に領地と領民を天皇に返上させたあとに，すべての藩を廃止した。

　　ウ．「アメリカ」ではなく，フランスから技術者を招き，フランス製の機械を導入した。

　　エ．「米の収穫高」ではなく，地価に応じた税を納めさせた。

問4．ノルマントン号事件をきっかけに日本国内で条約改正の声が高まり，1894年に領事裁判権の撤廃に成功した。また，日清戦争の講和条約で日本は，台湾，澎湖諸島，遼東半島を清から譲り受けた。

🈴 問1．エ　問2．歌川広重（または，安藤広重）　問3．イ　問4．エ

問5．（アメリカは）日本への石油の輸出を禁止した。（15字）（同意可）

② 問1．1960年の条約改定時には，安保闘争とよばれる激しい反対運動も起こった。

問2．琉球文化を象徴する建造物。沖縄戦で焼失したが，1958年に再建された。2019年の首里城の火災の際には消失せずにすんだ。

問3．地中海のマルタ島で行われた会談。㋐は1955年，㋑・㋓は1945年の第二次世界大戦末期に行われた首脳会談。

問5．日本政府の核兵器に対する基本姿勢となっている。

🈴 問1．日米安全保障条約　問2．㋑　問3．㋒　問4．㋒　問5．つくらず・持ち込ませず

③ 問1．1．アメリカ軍が引き続き日本に駐留し，日本の基地を使用することを認めた条約。

　　2．沖縄の返還を実現するとともに，非核三原則を打ち出し，日本の核兵器に対する基本的な方針を示した。

問2．A．1874年の「民撰議院設立の建白書」の提出後に自由民権運動を主導し，1881年には自由党を結成した。

　　B．政府の要職に就いて明治維新を主導したが，1878年に不平士族によって暗殺された。

問4．1）イ．ヨーロッパからアジアへの輸出が途絶えたことや，戦場となったヨーロッパで軍需物資などの需要が高まったことから，日本からの輸出は大きく増加した。

　　　ウ．第一次世界大戦は1914年から1918年にかけて続いた戦争で，全国水平社は1922年に創立された。

　　　エ．日本は，1910年に韓国を併合した。

　　2）『武士道』の著者でもある。

問5．1937年に始まった日中戦争が長期化したため，政府は国家総動員法を制定し，国の総力を挙げて戦争を行おうとした。アは1925年，ウは1941年，エは1943年の出来事。

問7．㋐は1942年，㋑は1944年，㋒は1945年の出来事。ミッドウェー海戦に敗れた後，戦況は悪化していった。

問8．aはルソン島，bはカリマンタン島，cはインドシナ半島。

問9．連合国軍総司令部の略称はGHQ。

問10．政府は農地改革を行い，地主から土地を安く買い上げ，小作人に安く売ることで「自作農」を増やした。

問11．イ．小笠原諸島は，1968年にアメリカから日本に返還された。

　　ウ．ソ連は条約に調印しておらず，1956年の日ソ共同宣言により国交を回復した。

　　エ．インドは講和会議に招かれたものの，参加しなかった。

🈴 問1．1．日米安全保障　2．佐藤栄作　問2．A．オ　B．イ　問3．ウ　問4．1）ア　2）新渡戸稲造

問5．イ　問6．杉原千畝　問7．ア　問8．d　問9．マッカーサー　問10．エ　問11．ア

④ 問1．①「あ」は1890年，「い」は1868年，「う」は1898年，「え」は1925年のできごと。

② 「あ」は 1895 年，「う」は 1945 年に終結。「え」は 1953 年に休戦。

③ ラジオ放送が開始されたのは 1925 年。

④ ゴンチャロフはロシア革命で倒された王朝の宮廷菓子料理人であったとされている。

⑤あ．バスの車掌は女子に人気のあった仕事なので誤り。

　　い．1925 年の普通選挙法により選挙権をもったのは 25 歳以上の男子のみ。

　　う．徴兵令による兵役の義務があったのは男子のみ。

⑥ 1940 年頃のインドはイギリス，ベトナムはフランスの植民地だった。タイは植民地支配されていない。

⑦ イタリアとドイツは日本と同じ敗戦国。また，英語（ギブ・ミー・チョコレート）が公用語なのは選択肢の中ではアメリカのみ。

答 問 1．① い　② い　③ え　④ う　⑤ え　⑥ う　⑦ え

8．歴史総合　　　　　　　　　　　　　　　　　　　　　　　　　　　　　　問題 P．75〜93

1　(1) ガラス質の火山岩。加工しやすく，刃先のするどい石器として使用された。

　(2) アは 7 世紀，イは紀元前 1 世紀，ウは 3 世紀，エは 1 世紀の日本について記した中国の歴史書。

　(3) アは 4 世紀末に始まった。イは 1〜3 世紀，エは 8 世紀後半，オは 7 世紀の出来事。

　(4) 戸籍をもとに 6 歳以上の男女に口分田があたえられ，その人が亡くなれば，土地を国に返すという土地制度が定められた。

　(5) 律は刑法，令は行政に関する法にあたる。

　(6) イは飛鳥時代にあたる 683 年ごろの出来事と考えられている。

　(7)ア．「藤原道長」ではなく，藤原良房が正しい。

　　　イ．「多賀城」は奈良時代に築かれた。坂上田村麻呂は，胆沢城，志波城を築いた。

　　　ウ．「平等院鳳凰堂」をつくったのは藤原頼通。菅原道真は，遣唐使の中止を進言した人物。

　　　オ．真言宗は，空海が開いた。

　(8) 「管領」は室町時代，「京都所司代」は江戸時代の役職。

　(9) 一遍は時宗を開いた僧。

　(10) 元に代わって中国を支配した王朝。1644 年に清に滅ぼされた。

　(11) オは江戸時代の農村の様子。

　(13) 琵琶湖のほとりに城が建てられた。

　(14) アは尾形光琳による燕子花図。イは江戸時代の化政文化期，ウは安土桃山時代，エは明治時代，オは室町時代に描かれた作品。

　(15) アは徳川吉宗，イは田沼意次，エは徳川綱吉，オは徳川家光が行ったこと。

　(16) オは太平洋戦争後の 1945 年に制定された。

　(17) 1945 年に法律が改正された後の条件がア。現在は 18 歳以上の男女が得られる。

　(18) イタリアが降伏したことから開かれた会議。同年のテヘラン会談は，アメリカ・イギリス・ソ連の首脳による会議。

　(19) そのほか，新潟水俣病，イタイイタイ病，四日市ぜんそくが四大公害病に含まれる。

　(20) オは 2020（令和 2）年の出来事。

　答 (1) イ　(2) イ→エ→ウ→ア　(3) ウ　(4) 班田収授　(5) 大宝律令　(6) イ　(7) エ　(8) ク　(9) 一遍　(10) 明

　　(11) オ　(12) ザビエル　(13) エ　(14) ア　(15) ウ　(16) オ　(17) エ　(18) エ　(19) 水俣病　(20) オ

2　問 1．アの「環濠集落遺跡」は吉野ヶ里遺跡のこと。

　問 2．a は紀元前 1 世紀の日本について記した『漢書』地理志。b は 3 世紀の日本について記した『魏志』倭

人伝。cは1世紀の日本について記した『後漢書』東夷伝。

問3．法興寺は蘇我馬子が創建した日本最初の寺院で，飛鳥寺の前身。アは法隆寺，ウは金剛峯寺，エは平等院の説明。

問4．律は刑法，令は行政法にあたるきまり。701年に大宝律令が制定された。

問5．「中国（清）」ではなく，薩摩藩が正しい。

問6．徳川家康が幕府を開いたのは1603年。全国にキリスト教禁止令を出したのは息子の秀忠で1613年。

問7．徳川綱吉は生類憐みの令を出した5代将軍。

問9．ア．奈良時代にあった税制の租は，口分田で収穫した米を「都」ではなく地方に納める税。
　　　イ．農民の自治が進んだのは室町時代。
　　　ウ．運上・冥加は江戸時代に課された営業税。

問10．aは1941年，bは1940年，cは1938年のできごと。日中戦争開始の翌年に国家総動員法が制定された。その翌年にヨーロッパでは第二次世界大戦が始まり，日本がフランス領インドシナに軍を進めたことに対して，アメリカなどから経済制裁を受けたという流れ。

答　問1．ア　問2．イ　問3．イ　問4．律令　問5．ウ　問6．エ　問7．ウ　問8．（オランダ）風説書
　　問9．エ　問10．カ

③　(1)①ⅰ．イギリス船のノルマントン号が和歌山県沖で沈没し，イギリス人船長・船員が全員助かったにもかかわらず日本人の乗客全員が水死した事件。
　　　　ⅱ．関税自主権の完全回復は，1911年に外務大臣の小村寿太郎が実現した。
　　　②　五か条の御誓文は，明治天皇が神にちかう形で示された。
　　　③　「地租改正」は，地価の一定割合を地租として現金で納めさせるようにしたこと。
　　　④ア．「長州藩」ではなく，薩摩藩が正しい。木戸孝允は長州藩出身。
　　　　ウ．西郷隆盛は，岩倉使節団には参加していない。
　　　　エ．「西郷隆盛」が西南戦争をおこした後に自由民権運動が広まったので誤り。
　　(2)①　吉田茂内閣によって結ばれた。
　　　②　後に普及した，カラーテレビ・乗用車・クーラーは，「3C」や「新三種の神器」と呼ばれた。
　　(3)①　織田信長の家臣の羽柴（豊臣）秀吉にたおされた。
　　　②ⅰ．鉄砲伝来のころから，ポルトガル人やスペイン人と行った貿易を「南蛮貿易」という。
　　　　ⅱ．鹿児島県に位置する島。
　　　　ⅲ．鉄砲は，国友（滋賀県）や根来（和歌山県）でも生産されていた。
　　　　ⅳ．織田信長と徳川家康の連合軍が武田軍を破った戦い。
　　(4)①ⅰ．欧米の思想を日本に広める役割を果たした。
　　　　ⅱ．北里柴三郎が設立した伝染病の研究所で学んだ。
　　　②　オの「聖徳太子」が活躍した飛鳥時代のようすを選ぶ。aは平安時代，cは奈良時代，dは古墳時代について述べた文。
　　　③　生糸の増産や品質向上のために建てられた。
　　(5)①　鎌倉幕府の初代執権は北条時政。
　　　②　元寇では，幕府は御家人たちを動員して戦ったが，幕府から御家人たちへ十分なほうび（恩賞）が与えられなかった。

答　(1)①ⅰ．ノルマントン号事件　ⅱ．（日本に）関税自主権（がない）　②　会議　③　カ　④　イ
　　(2)①　サンフランシスコ平和条約　②　三種の神器　(3)①　明智光秀　②ⅰ．ク　ⅱ．キ　ⅲ．ア　ⅳ．カ
　　(4)①（記号・人物名の順に）ⅰ．カ・福沢諭吉　ⅱ．イ・野口英世　②　b　③　富岡製糸場
　　(5)①　執権　②　戦いの手がらとして，新しい領地を要求した。（同意可）

④　問2．(1)　雄略天皇を指すとされている。

(2)　刀剣が熊本県の江田船山古墳と埼玉県の稲荷山古墳からそれぞれ出土したことから，ヤマト政権の力が九州地方から関東地方まで広がっていたと考えられる。

問3．(い)・(う)は飛鳥時代，(え)は弥生時代の様子を述べた文。

問4．資料Bの「私」とは，聖武天皇のこと。平等院は藤原頼通，中尊寺は奥州藤原氏，法隆寺は聖徳太子にゆかりのある寺院。

問5．租以外は男子のみに課された。調と庸は，都まで直接運んで納めなければならなかった。

問6．聖武天皇は仏教の力で世の中の不安を取り除き，国を守ろうと考えた。

問7．資料Cの訴えを行った人物は，源頼朝の妻である北条政子。

問8．国司は中央から派遣された国の行政・財政・軍事などを行う役職，守護は幕府から任命され国ごとに置かれた軍事や警察を行う役職，地頭は幕府から任命され荘園や公領ごとに置かれた年貢の取り立てなどを行う役職，荘園領主は荘園を保有する人物。

問9．ご恩は，将軍が御家人の領地を保護したり，新たに領地を与えたりすること。奉公は，ご恩に対して，御家人が鎌倉や京都を警備したり，将軍のために命がけで戦ったりすること。

問10．「この政府」とは，鎌倉幕府のこと。(あ)は平安時代，(い)は室町時代，(う)は安土桃山時代の内容。

問11．長篠の戦いは，織田信長・徳川家康連合軍が，大量の鉄砲を用いて武田勝頼を破った戦い。

問13．図は琵琶湖を中心とした地図で，安土城は琵琶湖の東岸に建てられた大型の天守を持つ城。

問14．「この王」とは，織田信長のこと。(あ)・(お)は豊臣秀吉が行った政策。

問15．(あ)は1858年，(い)は1866年，(う)は1854年，(え)は1860年の出来事。

問16．(あ)は長崎，(い)は神戸，(う)は横浜，(え)は新潟，(お)は函館。

問17．Eは大政奉還の資料で，徳川慶喜が明治天皇へ提出したもの。

問18．二条城は京都市にある平城で，徳川家康が上洛の際の宿泊所とするために築城した。

問20．「この戦争」は日清戦争を指す。日清戦争の講和条約である下関条約では，清は朝鮮の独立を認めること，日本に遼東半島（リャオトン）・台湾・澎湖諸島（ポンフー）をゆずること，日本に賠償金を支払うことなどが取り決められた。

問21．(あ)は1906年，(い)は1915年，(う)は1918年，(え)は1910年の出来事。

問22．普通選挙法が成立するまでは，直接国税を一定額以上納める満25歳以上の男子にのみ選挙権が与えられており，日本の人口に占める有権者の割合は低かった。

問23．米騒動の責任をとって寺内正毅内閣は総辞職した。

答　問1．ヤマト政権（または，大和政権・大和朝廷・倭）　問2．(1)ワカタケル　(2)(う)　問3．(あ)　問4．(い)
　問5．(1)(え)　(2)(い)　(3)(あ)　(4)(う)　問6．全国に国分寺を建てる（同意可）　問7．源頼朝　問8．(う)
　問9．奉公　問10．北条(氏)　(記号)(え)　問11．(う)　問12．(あ)　問13．安土城　問14．(あ)・(お)
　問15．(う)→(あ)→(え)→(い)　問16．(う)　問17．明治(天皇)　問18．(う)　問19．(い)　問20．下関
　問21．(あ)→(え)→(い)→(う)　問22．(1)納税資格を撤廃　(2)(い)　問23．米騒動

5　問2．初代執権となった北条時政の娘。尼将軍とよばれた。

問3．農民が一揆を起こすのをふせぐことが目的だった。

問4．島原の乱は，島原天草一揆ともいう。

問5．北海道の西南部に位置する港。日米和親条約では，静岡県の下田港も開かれた。

問6．「同盟」とは，1902年に結ばれた日英同盟のこと。

問7．1950年に始まった，韓国と北朝鮮の間で起こった戦争のこと。1953年に休戦した。

問8．アは大正時代，イは鎌倉時代，ウは明治時代，エは飛鳥時代，オは江戸時代の1716年〜のできごと。

答　問1．長安　問2．北条政子　問3．刀狩　問4．熊本(県)　問5．函館　問6．イギリス
　問7．朝鮮(戦争)　問8．ア．G　イ．C　ウ．F　エ．A　オ．E

6　問1．1．「古墳」は王や豪族の墓。
　　2．庄内平野は最上川の下流に位置する平野。

問2．3．「ヤマト朝廷」は，4世紀ごろに奈良盆地を中心とする地域につくられた。

　　　4．信者を見つけ出すために絵踏が行われていた。

問3．5．鎖国は17世紀半ばから19世紀半ばまで続いた。

　　　6．2018年にノーベル生理学・医学賞を受賞したのは本庶 佑氏。

問4．弥生時代に使われた農具を選ぶ。「木簡」は紙の代わりに文字を記した木札。「備中鍬」は江戸時代に使われるようになった農具。

問5．奈良時代とは，710～794年の，都が主に奈良の平城京に置かれていた時代をいう。

問7．鎌倉幕府の初代将軍である源頼朝の妻。

問8．ア．「鉄砲や大砲」ではなく，てつはうが正しい。

　　　イ．「黒船とよばれる軍艦」は，江戸時代末期に来航した西洋式の船のこと。

　　　ウ．元軍は「神風を利用した」のではなく，神風に苦しめられた。

【答】問1．イ　問2．ア　問3．イ　問4．ア　問5．ウ　問6．国風文化　問7．北条政子　問8．エ

9．政治のしくみとくらし　　　　　　　　　　　問題 P．94～104

1 (1)　国会が立法権，内閣が行政権を持っている。

(2)　(イ)は内閣の仕事。

(3)　衆議院議員総選挙のときに同時に行われる。

(4)　国の権力が一つの機関に集中すると，国家権力が濫用され，国民の権利や自由がおびやかされるおそれがある。

【答】(1) 司法権　(2)(イ)　(3) 国民審査

(4)（例）国会が強い権力を持ち，国に都合のよい法律をつくることで，国民は重い税を負担させられたり，国民生活に制限を加えられたりするおそれがある。

2 問1．国務大臣の過半数は国会議員であることが定められているが，民間人を任命することもできる。

問2．第一審の判決に納得ができない場合，上級の裁判所に第二審を求めることができる。これを控訴という。

問3．日本やアジア地域に関係の深い海洋と考える。

問4．ア．参議院議員選挙では3年ごとに半数が改選される。ウ．投票率は約52％であった。エ．参議院議員選挙に立候補できる年齢は満30歳以上。

問5．衆議院で可決された法案が参議院で否決された場合，衆議院の出席議員の3分の2以上の多数の賛成で再可決されると法律は成立する。

【答】問1．ウ　問2．高等裁判所での第二審を求めることができる。（同意可）　問3．オ　問4．イ
問5．ア

3 問1．参議院議員の定数は248人。

問2．2015年に公職選挙法が改正され，2016年から選挙権年齢が18歳以上へと引き下げられた。

問3．内閣総理大臣は，国会議員の中から国会が指名し，天皇が任命する。

問4．国務大臣は，内閣総理大臣が自由に任命できるが，過半数は国会議員の中から選ばなければならない。

問6．最高裁判所の長官は，内閣が指名する。

問7．1985年度から2020年度にかけて，所得税の割合は低下しているものの，歳入の総額が増加しているため，金額は15.4兆円から19.5兆円に増加している。

問8．大日本帝国憲法下では兵役の義務があった。

【答】問1．参議院　問2．18　問3．内閣総理大臣　問4．国務大臣　問5．ア　問6．エ　問7．エ

問 8．勤労の義務(または，教育を受けさせる義務)

4　問 1．アは国会の仕事。

問 3．ア・ウ・エは精神の自由にあてはまる。

問 4．新しい権利には，環境権や自己決定権，知る権利などもある。

問 5．公共の福祉によって人権が制限される場合もあり，その例として「感染症による入院・隔離(かくり)の措置(そち)」などがある。

問 6．(1)　国会には他に臨時会，特別会などがある。

(2)　それぞれの有権者が持つ一票の価値に，大きな差が生じないようにする必要がある。

問 7．(1)　2001 年に厚生省と労働省とが統合されてできた省。

(2)　ア・イは国会，ウは裁判所の仕事。

問 8．(1)　裁判員は重大な犯罪についての刑事裁判の第一審に参加する。

(2)　司法権に対する国民の主権の行使機会であるが，この国民審査によってこれまで辞めさせられた裁判官はいない。

問 9．エは都道府県の知事に立候補できる年齢。

答　問 1．ア　問 2．ウ　問 3．イ　問 4．プライバシーの権利　問 5．公共の福祉

問 6．(1) 常会(または，通常国会)　(2) 選挙区間で一票の格差があり，法の下の平等に反している。(同意可)

問 7．(1) 厚生労働(省)　(2) エ　問 8．(1) 裁判員(制度)　(2) 国民審査　問 9．ウ

5　問 1．予算案は各部局課および市長が作成した後，市議会の話し合いによって決定される。

問 2．ア．50 代以上は 44 ％で過半数を占めてはいない。

イ．年代別来館者割合が最も高い年代は 40 代，年代別貸出年間本数の一人あたり平均が最も多いのは 70 才以上。

エ．年代別貸出年間本数の一人あたり平均は，10 才未満が約 85 冊，40 代が約 50 冊で 10 才未満の方が多い。

問 4．イ．市議会も傍聴することができる。

ウ．市議会議員を選ぶ選挙で投票できる年齢も 18 才以上。

エ．市議会議員の任期は 4 年。

問 5．条例は制定された地方公共団体の地域内でのみ適用される。

答　問 1．④　問 2．ウ　問 3．ア・イ　問 4．ア　問 5．条例

6　問 1．通常国会は毎年 1 回 1 月中に召集される国会。

問 2．日本は 1981 年に難民条約を批准している。

問 3．衆議院が解散されたときは，解散の日から 40 日以内に衆議院議員総選挙を行わなければならない。

問 4．自民党の公示前の議席数は 276 議席。233 議席以上で単独過半数となる。

問 5．メルケル元首相はドイツ初の女性首相で，2005 年から 2021 年まで首相を務めた。

問 7．自民党総裁の任期は 3 年，参議院議員の任期は 6 年。

問 8．近年の日本の国会では野党の勢力が弱く，このような手段が取られている。

問 9．公職選挙法は，公職(国会議員や首長，地方議員など)を選出する選挙について定めた法律。

答　問 1．(う)　問 2．(い)　問 3．解散　問 4．(え)　問 5．(い)　問 6．信条　問 7．(う)

問 8．自民党(または，自公連立政権)に反対する人々の票を 1 つにまとめるため。(23 字，または 26 字)(同意可)

問 9．公職選挙法

7　(1)B．介護保険は，40 歳以上の国民が保険料を支払い，介護サービスを利用する際に，介護保険から利用料の大半をまかなうことで自己負担をおさえるしくみ。

(2) 日本の合計特殊出生率は，2005 年に「1.26」という過去最低を記録した後，回復傾向にあったものの，近年は再び低下している。

(3) グラフⅠより，高齢者の割合が高まるとともに，生まれた子どもの数が減少していることが読み取れる。また，グラフⅡより，社会保障費の総額と一人当たり社会保障給付費が増加し続けていることが読み取れる。これらを合わせると，今後も高齢者が増え続け，一人当たりの社会保障費やその総額が増加し続ける一方，生産年齢人口は減少するため，生産年齢人口一人当たりの経済的な負担は増加すると考えられる。

答 (1) A．65　B．介護　(2) イ

(3) 少子高齢化がさらに進むと，労働力人口が減少するため，保険料を納める人々も減り，社会保障制度の存続が危うくなってしまう。(59 字)（同意可）

8 (1)① 国会が立法権，内閣が行政権，裁判所が司法権をそれぞれ担っている。

② 裁判所が国会に対して，法律の違憲審査を行うことができる。

(2) 公務員については，ストライキが禁止されている。

(3) 新しい人権には，プライバシー権のほか，国民が国や地方公共団体に情報の公開を求めることができる知る権利や，自分の意思で生き方を決める自己決定権，良好な生活環境を求める環境権などがある。

答 (1) ① 三権分立（または，権力分立）　② イ　(2) エ　(3) プライバシー

---

10. 国際社会　　　　　　　　　　　　　　　　　　　　問題 P. 105〜109

1 問 1．(1)あ．国際連合は，世界の平和と安全を維持することを主な役割としている。

い．アフリカで 17 か国が独立した 1960 年は，「アフリカの年」とよばれている。

(2)う．サンフランシスコ平和条約が，吉田茂内閣が調印した。

え．この島々に色丹島と国後島，択捉島を合わせて北方領土とよばれる。

お．択捉島は，日本の北端の島。

問 2．(1) アメリカ合衆国，イギリス，中華人民共和国，フランス，ロシア連邦の 5 か国の常任理事国と，10 か国の非常任理事国で構成されている。

(2) 非常任理事国の任期は 2 年で，総会で 10 か国が選ばれる。

(3) 国連分担金の比率は，加盟国の経済力に応じて総会で決定される。

(4) UNHCR は国連難民高等弁務官事務所，UNICEF は国連児童基金，UNESCO は国連教育科学文化機関の各略称。

問 3．アメリカを中心とする資本主義の西側諸国と，ソ連を中心とする社会主義の東側諸国が対立した。

問 4．この反対運動は，安保闘争とよばれる。新しい日米安全保障条約を結んだ岸信介内閣は，条約の発効後に混乱の責任をとって総辞職した。

問 5．ソ連との国交が回復する前，日本はソ連の反対により，国際連合への加盟が実現できていなかった。

問 6．(1) (ウ)は 1978 年の出来事。

(2) 環境権は，新しい人権の一つ。新しい人権には，自己決定権や知る権利，プライバシーの権利などもある。

答 問 1．(1) あ．(エ)　い．(イ)　(2) う．サンフランシスコ　え．歯舞　お．択捉

問 2．(1) 安全保障理事会　(2) A．任期　（A がある国ぐに）非常任理事国　(3) B．(ウ)　C．(エ)

(4) (UNHCR) (イ)　(UNICEF) (オ)　(UNESCO) (エ)

問 3．経済のしくみ（または，経済体制）の違い。（同意可）

問 4．アメリカの戦争に日本がまきこまれるのではないか，という心配から反対したと考えられる。（同意可）

問 5．国際連合への加盟（同意可）　問 6．(1) 高度経済成長期　(記号) (ウ)　(2) 公害(病)　(記号) (オ)

2　問2．そのほかにも，「建設によって自然環境に与える影響を予測し，悪影響をなるべく小さく抑える」といった解答も可。

問3．AIは，多くのデータを人間より早く正確に処理できるため，さまざまな作業を効率化することができる。一方，従来は人間にしか行えなかった仕事もAIがこなせるようになり，雇用が減ることなどが心配されている。

問4．新型コロナウイルス感染症の拡大を防ぐため，人々が集まって接触することは極力避けられるようになった。そうした理由で起きた変化を具体的に記せばよい。

答　問1．国際連合　問2．（例）建設用地の地域住民との合意形成をていねいに行う。

問3．（例）（良い影響）AIを用いたビッグデータの収集・解析により，より効果的なマーケティングが可能となる。（悪い影響）一部仕事が置き換わることで，雇用機会の喪失が起こる。

問4．（例）以前は，現金のやりとりが多かったが，キャッシュレス決済の場面が増加した。

3　問1．あ．「フランス」は，現在でも電力の多くを原子力発電によってまかなっている。

　　　い．「サウジアラビア」は，北半球のアラビア半島に位置する国。なお，「サウジアラビア」も2023年8月24日にBRICSへ招待され，アルゼンチンは後に加盟を撤回した。

問2．ア．内閣総理大臣は，国会の指名に基づき天皇が任命する。

　　イ．閣議における決議は，全会一致を原則としている。

　　ウ．予算案は，内閣が作成して国会に提出する。

問3．ニュージーランドや北ヨーロッパの国々は，男女平等の達成率が高い。一方，イスラム教を信仰する人が多いエジプトは，日本よりも順位が低くなっている。

問4．イスラエルとパレスチナの争いは，土地やエルサレムの帰属などをめぐる対立が根深く，現在でも続いている。

問5．ソ連に対するアフガニスタンからの撤退を求める決議は，国際連合の「総会」で採択された。なお，安全保障理事会での決議は，ソ連が常任理事国であったため，ソ連の拒否権行使により否決された。

答　問1．ア　問2．エ　問3．ウ　問4．イスラエル　問5．エ

11．公民総合　　　　　　　　　　　　　　　　　　　　問題 P. 110～118

1　(1)a．イギリスではポンド，韓国ではウォン，EU加盟国では，一部の国を除いてユーロが使用されている。

　c．一般に，景気がよくなると上昇し，悪くなると下落する。

　d．地方公共団体が，議会の議決をへて制定する法のこと。

(2)　今まで50円で買えたものが，100円支払わないと買えなくなる事態を想像するとよい。また，ガソリンの原料は原油であり，日本は必要な原油のほとんどを輸入に頼っている。

(3)　円安とは，ドルに対して円の価値が下がること。具体的には，1ドルを得るために，より多くの円が必要になることを意味する。

(4)　「ひとりっ子政策を廃止した国」は中国。「昨年新しい大統領が選ばれた国」は韓国。国際連合の本部はアメリカ合衆国のニューヨークにある。日本は2023年5月に広島でG7サミットを開催。

(5)　衆議院議員選挙は，小選挙区比例代表並立制を採用している。参議院議員選挙の比例代表選挙は全国を1ブロックとするしくみがとられ，有名人に投じられた票が所属政党の議席増に貢献している。

(7)　日本はアメリカと日米安全保障条約を結ぶなど，密接な関係を保っている。

(8)　国が国民などからする借金のこと。

(9)　「弾劾裁判の実施」は，国会が裁判所に対して持つ権限。「違憲立法の審査」は，裁判所が国会に対して持つ権限。いずれも矢印の方向が逆。

(10)　裁判員裁判が行われるのは，重大な犯罪を裁く刑事事件の第一審のみ。したがって地方裁判所での裁判

になる。

答 (1) a. ルーブル　b. 外国為替相場(または，外国為替レート)　c. 利子(または，利息)　d. 条例

(2) ク　(3) ウ　(4) イ　(5) エ　(6) e. 公平　f. 弁護人　g. 国

(7) 核兵器をもつアメリカと同盟を結んでいるため。(同意可)　(8) 国債(を発行することで補う。)　(9) イ

(10) イ

2　問1．「ILO」は国際労働機関，「UNCTAD」は国連貿易開発会議の略称で，どちらも本部はジュネーブにある。

問3．Ⅱ．波力発電は，風力発電や太陽光発電と比べて発電効率がよく，安定した供給が得られる。

　　　Ⅲ．自動車等に用いられる水素を燃料として電力や熱を発生させる技術は「燃料電池」と呼ばれ，燃料電池を用いた自動車は一般販売され，バスは首都圏を中心に運行している。

問4．最高裁判所長官は，内閣の指名に基づき天皇が任命する。

問5．Ⅱ．軽減税率(8%)の対象は，酒類・外食を除く飲食料品，週2回以上発行される新聞。

問6．個体識別番号をインターネットで検索すると，生産地や生産者の情報を調べることができる。

問7．Ⅱ．国連人間環境会議のスローガンは「持続可能な開発」ではなく，「かけがえのない地球」。

　　　Ⅲ．フロンガスを規制する議定書は，Cのオーストリアではなく，カナダのモントリオールで締結された。

問8．ワシントン条約は，正式名称を「絶滅のおそれのある野生動植物の種の国際取引に関する条約」といい，1973年に採択された。

答 問1．カ　問2．普通教育　問3．エ　問4．カ　問5．イ　問6．トレーサビリティ　問7．エ

問8．ワシントン(条約)

3　A．ア．ユニセフの活動資金は，各国政府の支払いや民間からの寄付など，すべて任意の協力によってまかなわれている。

B．ア．「30項目」ではなく，17項目が正しい。

　イ．各国は，SDGsを達成するための積極的な取り組みを期待されているものの，SDGs自体に法的な強制力はない。

C．ア．「那覇市」ではなく，糸満市(いとまん)が正しい。

E．ア．国民には，「子どもに教育を受けさせる義務」が課されるとともに，教育を受ける権利が保障されている。

F．イ．5月3日の「憲法記念日」の説明。11月3日は文化の日であり，日本国憲法が公布された日にあたる。

G．ア．「環境省」ではなく，厚生労働省が正しい。環境省は，自然環境の保護や公害防止などを行う省庁。

　イ．「経済産業省」ではなく，財務省が正しい。経済産業省は，経済・産業の活性化や貿易の推進，エネルギー資源の管理などを行う省庁。

H．イ．成人年齢が18歳に引き下げられ，関連する法律も改正されたため，2022年4月1日から，裁判員は「18歳以上」の国民から選ばれるようになった。

I．イ．「法律」ではなく，条例が正しい。法律は国会が，条例は地方議会が制定する法令。

答 A．3　B．4　C．3　D．1　E．3　F．2　G．4　H．2　I．2　J．1

12. 複合問題	問題 P. 119〜128

1 　問1．(1)　アの石包丁は稲の穂をつみ取るために，イの鍬は田畑をたがやすために，エの田下駄は水田で足が沈まないようにするために用いられた。ウは旧石器時代にナイフや槍に取り付けられた石器，オは縄文時代に木の実をすりつぶした石皿とすり石。

　　　　　(2)　さつまいもは，中・南アメリカ原産で，江戸時代初期に琉球王国から薩摩藩（現在の鹿児島県）へ伝わり，江戸時代中期に各地へ広まった。

　　　問2．(1)　鎌倉時代は，12世紀末から1333年まで続いた。

　　　　　(2)　弥生時代は，紀元前4世紀ごろから紀元後3世紀ごろまで続いた。

　　　　　(3)　明治時代は1868年から1912年まで。関東大震災は，1923年（大正12年）に発生した大地震。イは1910年，ウは1890年，エは1870年代のできごと。

　　　問3．(1)　「御恩と奉公」という言葉で示される，土地を仲立ちとした主従関係のことを「封建関係」という。

　　　問4．(1)　貴族院議員は，皇族や華族，天皇によって任命された者で構成されており，国民による選挙では選ばれなかった。

　　　　　(2)A．内閣は，衆議院のみ解散することができる。

　　　　　　　B．法律案は，内閣も提出することができる。

　　　　　(3)　国会の召集や衆議院の解散は，天皇の国事行為となっている。

　　　問5．ア・イ．2015年に公職選挙法が改正され，2016年に施行されたため，選挙権年齢が20歳以上から18歳以上に引き下げられた。これにともない，2018年から憲法改正のための国民投票にも，18歳以上の国民が参加できるようになった。

　　　　　ウ．参議院議員や都道府県知事の被選挙権は，満30歳以上。

　　　　　エ．市町村議会議員や市区町村長の被選挙権は，満25歳以上。

　　　問6．(1)　かな文字の「も」は，漢字の「毛」がもとになった。

　　　　　(2)　絵は，平清盛を描いたもの。アは藤原氏の説明。エの「壇ノ浦の戦い」は，平清盛の死後に起こった。

　　　　　(3)Ⅲ．杉田玄白と前野良沢は，日本で初めての本格的な西洋医学のほん訳書として『解体新書』を出版した。

　　　問7．(2)ア．「100年」ではなく，8年が正しい。なお，加賀の一向一揆では，一向宗の信徒らが守護大名を滅ぼし，100年近く自治を行った。

　　　　　イ．祇園祭は，町衆と呼ばれる豊かな商工業者によって再開された。

　　　　　エ．鎌倉時代には，草や木を焼いた灰（草木灰）が肥料として用いられるようになり，室町時代には，牛馬のふんやたい肥も使用されるようになった。

　　　　　(3)　からさおは，竹のさおの先に棒や板などを取り付けた農具で，稲や麦の脱穀に用いられた。

　　　　　(4)　絵は，ペリーが上陸する前のようすを描いており，ペリーがアメリカ大統領からの手紙をもってきているかどうかは読み取れない。

　　　　　(5)　被差別部落の人々は，差別からの解放と人間としての平等実現を目的として，1922年に全国水平社を結成した。

　　　　　(7)ア．都市部では食料が不足したため，人々は鉄道などで農村部へ買い出しに行った。

　　　　　ウ．戦争が終結すると集団疎開は終了し，多くの子どもたちは都市へもどった。しかし，学校などは不足しており，校舎を建て直すことも難しかったため，屋外での授業（青空教室）が行われることもあった。

　　　　　エ．兵士の引きあげなどにより，国内では食料が不足したため，特に孤児となった子どもたちは飢えに苦しんだ。

(8)　アは 2009 年以降，イは 1980 年代以降，ウは 1964 年のできごと。

答　問 1．(1) ウ・オ　(2) イ　問 2．(1) ウ　(2) 弥生(時代)　(3) ア　問 3．(1) ウ　(2) 政府開発(援助)

問 4．(1) イ　(2) エ　(3) エ　問 5．ア・イ　問 6．(1) エ　(2) イ・ウ　(3) ウ

問 7．(1) 年中行事　(2) ウ　(3) イ　(4) ア　(5) 全国水平社　(6) エ　(7) イ　(8) ウ→イ→ア

② ［問 1］　カタールの 6 月〜7 月の気温は，東京の同時期と比べてとても高く，サッカーをするのに適した気温で開催するために開催時期をずらしたと考えられる。

［問 2］　スペインの首都マドリードには北緯 40 度の緯線が通っている。スペインはおよそ北緯 36 度から北緯 43 度に位置する国。

［問 3］　カタールの面積は，2,680,000 (人) ÷ 234 (人/km²) より，約 11,453km² と求められる。よって，カタールより少し大きい面積を選ぶ。

［問 4］　日本の高度経済成長期が終わるきっかけともなった。

［問 5］　日本とサウジアラビアの経度差は 90 度 (135 度 − 45 度)，時差は 6 時間であることから，90 度 ÷ 6時間より，経度差 15 度で 1 時間の時差が生じることがわかる。日本とドイツの経度差は 120 度 (135 度 − 15 度) であるから，120 ÷ 15 より時差は 8 時間となる。

［問 6］　「衣服をつくるための綿や医薬品の支えんを受けた。」などの解答も可。

［問 7］　「南蛮貿易」とは，鉄砲伝来の頃からポルトガル人やスペイン人と行った貿易のこと。

［問 8］ア．「木戸孝允」ではなく，西郷隆盛が正しい。

　　　　イ．「国民」ではなく，天皇が主権を持っていた。

　　　　ウ．「男女」ではなく，男子のみが正しい。女性が選挙権を得たのは，太平洋戦争後の 1945 年のこと。

［問 9］　資料 2 は「てんびんばかり」で，砂糖などの輸入品の重さをはかるために使われた道具。

［問 10］ア．娘を天皇のきさきにして権力を強めて，政治の実権をにぎった。

　　　　イ．室町幕府の第 3 代将軍。

　　　　ウ．江戸幕府の初代将軍。

答　［問 1］きびしい暑さをさけて開催するため。(同意可)　［問 2］ウ　［問 3］ア　［問 4］石油危機

［問 5］8　［問 6］(例) 学校の給食用の粉ミルクの支えんを受けた。［問 7］ポルトガル　［問 8］エ

［問 9］てんびんがつりあうように左側に分銅を置いて，輸入品の重さをはかった。(同意可)

［問 10］ア．平清盛　イ．足利義満　ウ．徳川家康

③ 問 1．(1)X．リーマンショックは，2008 年に始まった。女性の非正規雇用者の割合は，2007 年と 2022 年で大きく変わってはいないので誤り。

　　　　　Y．阪神淡路大震災は，1995 年の出来事。男性の非正規雇用者の割合は，1997 年の約 10 ％から2022 年の約 20 ％へと高まっている。

　　　(2)　非正規雇用者は，正規雇用者とは異なり雇用期間が定められているため，技術の引継ぎも確実ではなくなる。

問 2．そのほかにも，「優秀な人材を採用しやすくなる点」などの解答も可。

問 3．(2)　参議院議員の任期が 6 年であるのに対し，衆議院議員は 4 年であり，解散もあるため，民意が反映されやすいと考えられている。

　　　(3)　働き方改革は，仕事と生活を両立させる「ワークライフバランス」の実現を目的の一つとしている。そのほかにも，「労働災害や過労死が発生してしまう問題。」などの解答も可。

問 4．(1)　連休を増やすため，海の日は 7 月の第 3 月曜日に設定されている。いは 3 月 20 日から 21 日ごろ，うは 5 月 4 日，えは 8 月 11 日。

　　　(2)　タイは仏教を信仰する人が多いため，仏教に関する祝祭日が設定されている。いはイギリス，うはアメリカ合衆国，えは中国の祝祭日。

(3)あ．米騒動は，シベリア出兵にともなう米の価格の上昇などから，1918 年に起こった。

　　い．治安維持法は，1925 年に制定された。

　　う．1925 年に普通選挙法が成立したことで，男子の普通選挙が実現した。

(4)A．長野県は，平均気温が緯度の割に低いため，避暑地としての需要が高く，夏に宿泊者数が多くなっている。

　　B．東京都は，観光目的以外の宿泊者数が多いため，一年を通して宿泊者数の変化が小さい。

　　C．京都府は，春と秋の行楽シーズンの観光客が多い。

答 問 1．(1) え　(2) い　問 2．(例) 社員のやる気を高められる点。

問 3．(1)① 最高　② 立法　(2) 世論を反映させやすい（同意可）　(3)(例) 仕事と育児・介護を両立できないという問題。

問 4．(1) あ　(2) あ　(3) え　(4) か